21世纪普通高等院校系列教材

财政学案例库

CAIZHENGXUE ANLIKU

主　编　罗红云　王　东

西南财经大学出版社
中国·成都

图书在版编目(CIP)数据

财政学案例库/罗红云,王东主编．—成都:西南财经大学出版社,2021.9
ISBN 978-7-5504-4957-2

Ⅰ.①财… Ⅱ.①罗…②王… Ⅲ.①财政学—案例 Ⅳ.①F810

中国版本图书馆 CIP 数据核字(2021)第 132213 号

财政学案例库
主编 罗红云 王东

责任编辑:张岚
封面设计:杨红鹰 张姗姗
责任印制:朱曼丽

出版发行	西南财经大学出版社(四川省成都市光华村街 55 号)
网　　址	http://cbs.swufe.edu.cn
电子邮件	bookcj@swufe.edu.cn
邮政编码	610074
电　　话	028-87353785
照　　排	四川胜翔数码印务设计有限公司
印　　刷	郫县犀浦印刷厂
成品尺寸	185mm×260mm
印　　张	10.25
字　　数	221 千字
版　　次	2021 年 9 月第 1 版
印　　次	2021 年 9 月第 1 次印刷
印　　数	1— 1000 册
书　　号	ISBN 978-7-5504-4957-2
定　　价	25.00 元

前言

《财政学案例库》是编者历经十年教学与研究的积累，围绕财政学基础理论和政策措施，搜集现实经济社会生活中财税案例资料，梳理、集结而成的一本教辅书籍。财政学专业的教学核心目标是培养学生的专业理解、分析、实施等综合能力，形成此书的初衷是促进学生更好地掌握财税相关知识。本书不仅可作为高等院校财政学、经济学、金融学、会计学等经济管理类专业学生学习《财政学》的教辅资料，而且能够为关注现实生活中财税问题的研究者提供丰富的案例资料。

十余年来，我校始终秉承以培养学生专业综合应用能力为核心的财政学本科教学改革目标，案例教学是这一教学模式改革的重要组成部分。为此，我校财政学骨干教师团队围绕财政学基础理论、公共支出理论与政策、公共收入理论与政策、国家预算和预算管理体制四方面内容搜集整理了近200个案例资料。此次从中精选了80个具有代表性的案例资料汇集成书，部分案例资料来自史料，部分来自近十年的相关新闻报道或国家相关政策，80个案例资料全面涵盖了财政学教学中的各个知识点。通过对这些案例资料的学习，一方面学生可以掌握用所学理论知识分析解释现实生活中的财税现象的方法，做到理论与实际相结合；另一方面学生不再将学习仅停留在书本上，学会关注现实中的财税改革和财税问题，将学问做在中国大地上，促使学生不断思考，将各学科知识交叉应用于财政学课程学习中，跳出财税看财税，以培养具有社会责任感和家国情怀的社会科学的学习者和践行者。

本书由新疆财经大学财政税务学院罗红云教授、王东副教授担任主编，新疆财经大学财政税务学院闫杰教授、杜树章副教授、韩增华副教授担任副主编，新疆财经大学财政税务学院李俊英教授、贾亚男教授为主要参编者。

全书由罗红云教授、王东副教授总纂定稿。向晓宇、贾文利协助校稿，在此表示感谢。

近年来，我国的财税改革持续推进，改革实践将为财政学教学提供更加丰富的案例素材。新疆财经大学财政税务学院财政学教学团队将继续搜集整理加工相关案例资料，不断丰富课堂教学内容，充实财政学案例库。本书获新疆维吾尔自治区本科教学改革项目“财政学混合教学模式改革研究”和新疆财经大学2019年度“金课”建设项目资助。本书中所涉案例力求既能涵盖财政学教学各知识点，又能紧跟我国财税改革的步伐，但受能力所限，难免存在疏漏和不足之处，恳请同行专家、读者批评指正。

编者

2021年1月

目录

基础理论篇

公共支出篇

公共收入篇

国家预算和预算管理体制篇

基础理论篇

案例 1　政府和市场的关系问题是财政学研究的核心问题

政府和市场的关系问题，是改革开放以来党的历次代表大会不断探索、完善的核心内容之一。

1981 年党的十一届六中全会通过的《关于建国以来党的若干历史问题的决议》提出“必须在公有制基础上实行计划经济，同时发挥市场调节的辅助作用”的理论，尽管这一理论仍然坚持计划经济的总框架不变，但是，必须按照尊重和利用价值规律的要求来进行经济活动已开始成为人们的共识，从而现实经济活动也逐步进入了真正意义上的商品经济的发展轨道。

1984 年 10 月 20 日召开的党的十二届三中全会，通过了《中共中央关于经济体制改革的决定》，强调社会主义经济是“在公有制基础上的有计划的商品经济”。

1987 年党的十三大提出“社会主义有计划商品经济的体制应该是计划与市场内在统一的体制”的观点。

1992 年党的十四大正式确立“我国经济体制改革的目标是建立社会主义市场经济体制”。1992 年 10 月，党的十四大报告把中国经济体制改革的目标模式确定为建立社会主义市场经济体制，使市场在资源配置中发挥基础性作用。

1993 年 11 月 14 日，中国共产党第十四届中央委员会第三次全体会议通过《中共中央关于建立社会主义市场经济体制若干问题的决定》，进一步指出：建立社会主义市场经济体制，就是要使市场在国家宏观调控下对资源配置起基础性作用。发挥市场机制在资源配置中的基础性作用，必须培育和发展市场体系，推进价格改革，发展金融市场、劳动力市场、房地产市场、技术市场和信息市场等，改善和加强对市场的管理和监督。转变政府职能，改革政府机构，是建立社会主义市场经济体制的迫切要求。转变政府管理经济的职能，要建立以间接手段为主的完善的宏观调控体系，保证国民经济的健康运行。

2013 年 11 月 12 日中国共产党第十八届中央委员会第三次全体会议通过《中共中央关于全面深化改革若干重大问题的决定》，指出：全面深化改革的总目标是完善和发展中国特色社会主义制度，推进国家治理体系和治理能力现代化。经济体制改革是全面深化改革的重点，核心问题是处理好政府和市场的关系，使市场在资源配置中起决定性作用和更好发挥政府作用。市场决定资源配置是市场经济的一般规律，健全社会主义市场经济体制必须遵循这条规律，着力解决市场体系不完善、政府干预过多和监管不到位问题。科学的宏观调控，有效的政府治理，是发挥社会主义市场经济体制优势的内在要求。必须切实转变政府职能，深化行政体制改革，创新行政管理方式，增强政府公信力和执行力，建设法治政府和服务型政府。

2020 年 5 月 11 日，《中共中央 国务院关于新时代加快完善社会主义市场经济体制的意见》将坚持正确处理政府和市场关系作为基本原则之一。坚持社会主义市场经济改革方向，更加尊重市场经济一般规律，最大限度减少政府对市场资源的直接配置和对微观经济活动的直接干预，充分发挥市场在资源配置中的决定性作用，更好发挥政府作用，有效弥补市场失灵。创新政府管理和服务方式，完善宏观经济治理体制。完善政府经济调节、市场监管、社会管理、公共服务、生态环境保护等职能，创新和完善宏观调控，进一步提高宏观经济治理能力。

案例解析

政府和市场的关系问题是财政学研究的核心问题。改革开放以来，党中央对这一关系的认识经过了不断探索、思路日渐清晰的过程。1981 年党的十一届六中全会提出的“必须在公有制基础上实行计划经济，同时发挥市场调节的辅助作用”的理论开始从思想上让全社会正确认识市场和社会主义之间的关系。1984 年、1987 年党的十二届三中全会、十三大确立了社会主义经济是“在公有制基础上的有计划的商品经济”，提出“社会主义有计划商品经济的体制应该是计划与市场内在统一的体制”的观点，进一步确定了商品经济和市场在我国社会主义经济中的作用。邓小平南方谈话之后，1992 年党的十四大正式确立“我国经济体制改革的目标是建立社会主义市场经济体制”，市场在资源配置中的作用也从“基础性”转变为“决定性”，在这一过程中，正确处理政府和市场之间的关系是社会主义市场经济体制改革的核心问题。

财政学主要研究政府的经济职能，合理界定政府和市场在经济领域的职能边界，是我国社会主义市场经济体制改革取得成功的关键。政府和市场在经济领域各自有其优势，也有其劣势，将政府这只“有形的手”和市场这只“无形的手”结合起来，扬长避短，最大限度发挥其合力，提高经济运行效率，是社会主义市场经济体制改革的理想境界。实现这一目标的前提是要合理清晰界定政府和市场的职能边界。

通过学习本案例，一方面学生可了解我国从计划经济向社会主义市场经济过渡的艰难过程、中国共产党不断进行改革提高经济运行质量和人民生活水平的决心和恒心，以及社会主义市场经济体制的科学内涵；另一方面，学生可明确正确处理政府和市场之间的关系不仅是经济问题，也是政治问题。

思考题

如何理解政府和市场的关系问题是财政学研究的核心问题这一命题？

案例2　市场失灵抑或政府失灵?①

浙江海宁和平湖等地40吨病死甲鱼骨通过一条“产业链”流入中药材市场。

国家药典委员会规定，鳖甲等甲鱼骨作为中药材必须现杀取用，病死甲鱼骨不仅药效打折，而且还可能因染有致病菌危害中药安全。

《中药材生产质量管理规范（试行）》规定：“禁止将中毒、感染疫病的药用动物加工成中药材。”浙江省中药与天然药物研究所高级工程师何厚洪说，病死甲鱼骨的药效会大打折扣，起不到原有的滋阴补肾、提高免疫力的作用，而且极有可能染有细菌和毒素，对人体健康产生负面影响。而检验也发现，被查获、没收的病死甲鱼骨中含有“沙门氏菌”“变形杆菌”等致病细菌。

然而，收购、倒卖病死甲鱼骨已成行业“潜规则”。很多收购甲鱼骨的药材企业和厂家也知道这些甲鱼骨是从病死甲鱼中来，“病死甲鱼骨量大、好收集，而且成本低”，双方都“受益”。

从病死甲鱼处置到病死鳖甲收购、贩卖、入药，涉及渔业、工商、药监等多个监管部门。实践中各相关部门也在采取积极措施以尽可能减少市场中的上述行为造成的损失。

现实中的措施：

1. 浙江对病死甲鱼处理有相关规定，如统一收集集中处理、大型养殖场自建设施处理、小养殖户分散处理等，但由于管理还不是很规范，规定难落实。

2. 杭州余杭区2013年4月出台相关政策，要求对病死甲鱼进行无害化处理。“养殖户签订无害化处理的承诺书，如果没有按照要求做，会受到行政处罚。”

3. 杭州龟鳖研究所所长赵春光表示，可效仿病死猪无害化处理办法，对按规定处置病死甲鱼的养殖户，给予一定数额的现金补助，激发养殖户无害处置病死甲鱼的积极性，切断病死鳖甲供应源头。

案例解析

市场在资源配置中起决定性作用，但资本的逐利性会让市场主体过于追逐经济利益，有时甚至会出现违反社会道德和法律的情形。要解决这些问题，必须充分发挥政府的职能作用。尤其是中国特色社会主义进入新时代后，要更好地发挥政府作用，切实转变政府职能，严格依法行政，克服政府职能错位、越位和缺位现象。

① 资料来源：吉翔.40吨病死甲鱼骨流入多地中药材市场 监管部门没辙［EB/OL］.（2013-12-17）［2020-10-12］. http://www.chinanews.com/sh/2013/12-17/5626051.shtml.

药品不是普通商品，患者不是一般意义上的消费者。病死甲鱼骨入药现象属于典型的市场失灵现象，仅靠市场机制无法完全消除这类现象。此时，只有政府干预，加强监管才能减少这类现象。但是显然，政府也会失灵。只有加强制度建设，通过人大代表、政协委员的监督问责，以及人民团体、社会舆论的监督才能推动政府有关部门行动起来。

本案例让学生初步掌握市场失灵和政府干预失效的概念及其表现，结合案例中给出的解决思路，引导学生思考，当同时面对市场失灵和政府干预失效的情况时，如何在市场化的解决思路和政府干预手段之间进行选择。

思考题

1. 结合所学知识对本案例中所提供的处理病死甲鱼的三种措施（浙江省的相关规定、余杭区的相关政策、杭州龟鳖研究所所长赵春光的建议）进行分析、评价。

2. 你认为采取什么方式能较好解决这类问题？其中财政应该承担什么职责？

案例3　贫富差距与民众的健康状况息息相关[①]

近些年的社会研究发现了一个有趣的现象：贫富差距与民众的健康状况息息相关。斯坦福大学著名神经科学教授罗伯特·萨波尔斯基近期为《科学美国人》写了一篇文章，讲了一个有点颠覆我们认知的发现：真正影响健康的关键因素并不是经济条件差，而是经济地位不平等。什么意思呢？就是说，“穷”不是问题，“感觉自己比别人穷”才是大问题。

“不平等”（inequality）会给人带来巨大的精神压力。这种压力可不是简单地让人“不开心”而已，它会在生理上对身体造成实质性的伤害，会带来慢性炎症、细胞衰老和脑功能受损。更重要的是，研究进一步发现，这些健康损害还会影响人们的社会行为，产生一系列糟糕的连锁反应。甚至很多社会问题，比如高犯罪率、高青少年生育率、酒精和毒品滥用等，都能从中找到根源。总之，贫富差距的加大会给人带来生理上的损害。

一、贫富差距是如何影响人的身体健康的？

研究认为，贫富差距对生理的影响，主要体现在三个方面——慢性炎症、细胞衰老和脑功能受损。而且，这些影响在人的幼年时期最为强烈。如果幼年时期在贫穷中度过，总是感到自卑的话，那么，一生的身体健康都会受到影响。

听起来有点难以置信，但这真的是科学研究的最新成果。先说慢性炎症，我们都知道，发炎一般是指身体局部组织出现红肿、疼痛等症状，这说明身体有损伤，或者感染了。但是慢性炎症就不一样了，外表上看不出来，但体内的免疫细胞却持续活跃，它们找不到攻击目标，就开始杀死正常细胞，换句话说，这是身体在慢慢地攻击自己。慢性炎症会对身体造成很大的损伤，甚至还会引发心脏病、动脉硬化和阿尔兹海默症等多种疾病。

研究发现，如果因为贫困而长期处于较高的压力水平，就会促发慢性炎症。如果童年时期经历贫穷，就会增加炎症相关基因的表达，并提高C反应蛋白等炎症标志物的水平。简单来讲，就是会比别人更容易有炎症，更容易患病。

贫穷带来的另一个生理损伤，是细胞衰老，这通常体现在端粒受损上。正常情况下，人的端粒以一个恒定的速率在缩短。但是科学家发现，处于压力中的人，端粒会加速缩短。诺贝尔奖获得者、端粒方面的研究专家伊丽莎白·布莱克曾经做过一项研

① 资料来源：为何贫富差距会影响国民健康［EB/OL］.（2019-01-25）［2020-10-15］. https://www.dedao.cn/article/R2Mo65zY4QZ3VnD2YXqEdNAa98jGBO.

究，调查了39位长期看护患病孩子的女性，结果发现，这些女性的端粒明显更短，换算成细胞年龄的话，要比同龄人至少老10岁。

如果幼年时期经历贫穷，那么端粒早衰的情况还会持续到成年，这会显著缩短人的预期寿命。这不仅限于家庭经济条件差的孩子，那些经历过暴力、父母离异或死亡的孩子，也会出现类似的情况。

第三个生理损伤就是脑功能受损。哪些部分呢？主要是海马体、杏仁核、前额叶皮层和中脑边缘的多巴胺系统。这些地方受损，人的记忆和情绪都会受到波及，甚至连行为也会受到影响。

比如，海马体是负责学习和记忆的一个关键脑区，而压力带来的应激状态，会降低海马体的兴奋性，减少神经元之间的连接，对记忆力造成损伤。而杏仁核，管理的是人的情绪。持续的压力，会“劫持”杏仁核，持续产生两种情绪：恐惧和焦虑。

而会对人的行为造成影响的脑功能损伤，主要集中在中脑边缘的多巴胺系统和前额叶皮层。我们都知道，分泌多巴胺会让人感到快乐和兴奋，而中脑边缘的多巴胺系统如果受到干扰，就很容易让人感到不快乐，造成抑郁，甚至还会形成易成瘾的体质。

前额叶皮层的受损，带来的影响就更严重了。这个脑区活跃的话，人们就更有可能抑制冲动，做出理性决策。可是，社会经济地位低下带来的持续压力，会减弱前额叶皮层的神经元连接，让这个区域的细胞体积缩小。人们就会更容易为了追求一时满足，而不顾长远利益，做出糟糕的决策。

来自宾夕法尼亚大学和加州大学旧金山分校的研究都发现，贫困家庭的儿童通常前额叶皮层比较薄，而且不太活跃，控制冲动的能力比较差。这些影响在孩子成年之后会变得更明显，他们难以对自己的人生做出长远规划。贫穷，让未来对他们来说，变得不那么重要了。

二、贫富差距为什么会成为一系列社会问题的根源？

关于贫富差距的研究，其实很好地解释了一个奇怪的社会现象，那就是，为什么不是越穷的地方，居民健康越糟糕，而是贫富差距越大的地方，居民健康状况越糟糕。而且，贫富差距还不光影响到国民健康。贫富差距越大的地方，社会问题也会越严重。

流行病学家理查德·威尔金森和凯特·皮克特，曾经做过一项全球性的统计。他们发现，在全世界范围内，一个社会收入差距越悬殊，由预期寿命、婴儿死亡率、精神卫生问题、肥胖症等组成的综合指数就会越糟糕。这和当地居民的绝对收入水平没关系，只和贫富差距有关系。这是“心理压力”惹的祸。贫富差距产生的不平等，给人们带来了巨大的心理压力。而这种心理压力，又转化为生理上的伤害，让这些人的健康状况变得糟糕。同时，生理上的损伤还影响了这些人的行为和决策，导致一系列社会问题的出现。

怎么影响的呢？还记得我们刚才讲过，前额叶皮层受损会使大脑容易一时冲动，很难做出长期规划吗？这或许就能解释，为什么越不平等的地区，当地的犯罪率就越高，校园霸凌越普遍，未成年人怀孕比例越高，文化普及率越低，因为人们都更加不计后果。此外，中脑边缘的多巴胺系统受损，会让人们抑郁，容易成瘾。这似乎也能解释在经济不平等程度高的地区，为什么酒精、烟草和毒品的滥用状况更严重、居民的幸福感更低。

案例解析

最新研究表明，真正的问题并不是物质上的贫穷，而是“感觉自己穷”。这种心理压力会对健康造成伤害，让人们预期寿命变短、记忆力变差、早衰、酗酒、变胖，甚至还会变得目光短浅，容易冲动。甚至到最后，社会的整体状况，都会因此变得更糟糕。因此，收入分配差距过大，不仅是经济问题，更是一个社会问题，甚至在某些情况下会引发政治问题。基于上述认识，我们对政府通过财政补贴或税收政策缩小收入分配差距这一职能即财政的收入分配职能就有了较为清醒的认识。本案例让学生理解财政收入分配职能的重要性，从而进一步引导学生探究财政缩小收入分配差距的政策手段及其功效。

思考题

财政一般采取哪些政策手段干预收入分配？如何正确认识财政收入分配职能与市场收入分配之间的关系？

案例 4　财政的作用

以下是古代中国社会对财政作用的表述：

八政：一曰食，二曰货，三曰祀（祭祀），四曰空（农田水利），五曰司徒（土地、教化），六曰司寇（刑事），七曰宾（礼法），八曰师（军队）。食谓农殖嘉谷可食之物，货谓布帛可衣，及金刀龟贝，所以分财布利通有无者也。二者，生民之本，兴自神农之世。“斫木为耜，煣木为耒，耒耨之利以教天下”，而食足；“日中为市，致天下之民，聚天下之财，交易而退，各得其所”，而货通。食足货通，然后国实民富，而教化成。

——《尚书·洪范》

天地之大德曰生，圣人之大宝曰位，何以守位曰仁，何以聚人曰财。理财正辞、禁民为非曰义。

——《周易·系辞下》

“财者，为国之命而万事之本。国之所以存亡，事之所以成败，常必由之。”

——苏辙

案例解析

上述资料中我国古代先贤对财政作用的描述，可以让学生更深刻理解“财政是国家治理的基础和重要支柱”这一现代表述。从古至今，财政对国家政治的稳定性和国家治理的重要性不言而喻。

思考题

如何理解“财政是国家治理的基础和重要支柱”？

案例5　管仲的财政收支理念

1. 取之有度的财政思想。管仲认为，对百姓要征税，但要取之有度，税负要轻。“征于关者勿征于市，征于市者勿征于关，虚车勿索，徒负勿入，以徕远人。”

2. 用之有止的思想。管仲指出：“地之生财有时，民之用力有倦，而人君之欲无穷，以有时与有倦养无穷之君，而度量不生于其间，则上下相疾也，是以有臣杀其君，子杀其父者矣。故取于民有度，用之有止，国虽小必安；取于民无度，用之不止，国虽大必危。”

案例解析

税收是国家机器运转的基础，但税负过重将会严重阻碍社会经济的持续健康发展。管仲的税不重征思想与亚当·斯密的税不重征思想不谋而合。收入的“取之有度”与支出的“用之有止”一定是相辅相成的，否则要么“取之有度”成为空谈，要么会导致财政危机的爆发。这是财政人必须具备的基本理念。本案例让学生对财政收支之间的关系有一个初步的认识。

思考题

结合现实评述管仲的财政收支思想。

案例6 管仲的国家干预思想

管仲在财政支出上主张节俭，但他认为在特殊时期也可以奢靡。何时可以奢靡？对此，管仲论述道："人君之守高下，岁藏三分，十年则必有五年之余。若岁凶旱水泆，民失本，则修宫室台榭，以前无狗、后无彘者为庸。故修宫室台榭，非丽其乐也，平国策也。"

案例解析

管仲的"若岁凶旱水泆，民失本，则修宫室台榭……故修宫室台榭，非丽其乐也，平国策也"这段论述明确指出了当遭遇重大突发事件、经济处于低迷状态时需要政府扩大支出，通过加大在基础设施领域的投资，稳定社会经济、促进就业。这一思想与两千多年后凯恩斯的国家干预思想有异曲同工之处。本案例让学生对财政的宏观经济稳定职能及其前提条件有更加清楚的认识和理解。

思考题

结合管仲、凯恩斯的国家干预思想和我国现实，思考如何正确运用国家干预手段。

案例7　桑弘羊的国家干预思想

桑弘羊在《盐铁论》中指出："古之立国家者，开本末之途，通有无之用，市朝以一其求，致士民，聚万货，农商工师各得所欲，交易而退。易曰：'通其变，使民不倦。'故工不出，则农用乏；商不出，则宝货绝。农用乏，则谷不殖；宝货绝，则财用匮。"

贤良文学们批评说，工与商"非治国之本务也"。桑弘羊引管子的话进行了反驳，他说，"管子云：'国有沃野之饶而民不足于食者，器械不备也。有山海之货而民不足于财者，商工不备也。'……是以先帝建铁官以赡农用，开均输以足民财；盐、铁、均输，万民所戴仰而取给者"。

桑弘羊说，汝水和汉水所出产的黄金和精细的丝织品都是我国无用之物，以此换取匈奴和西北的少数民族的骡、驴、骆驼、各种良马和各种珍贵的皮毛等我国所需要的宝物。中国以一端的缦，换匈奴数百斤的货物，从而消耗敌人的财政，充实了我国的财政。……外部的各种物品源源不断地运进来，而内地的财物不外流。外族的东西运进来，国家财用就充足，自己的财物不外流，百姓就会家家丰足。

为了抑制物价的波动，在各郡国设置均输官和盐铁官，实行均输和盐铁专营。均输官负责边远的贡品转贩到价高地区出售并将利润像税赋一样上缴中央，从而解决了各地官府自行经营、互相竞争的矛盾。在京师则设置平准官，由大农垄断天下货物，贵卖贱买，这样商贾无法获得厚利，多赔了本钱。从而京师的物价不再波动，抑制了通货膨胀。

案例解析

桑弘羊是传统中国社会主张全面实施国家干预的第一人。尽管其很多理财思想和措施取法于管仲，但他却比管仲更进一步。桑弘羊的国家干预思想和手段对后世影响深远，对此我们要有正确的认识：特殊历史背景下短期采取全面国有化政策有其一定的现实意义，但从长期来看，全面的国家干预不是有效的政策选择。本案例让学生对国家宏观经济调控职能以及全面国有化政策有深刻的认识。

思考题

上述材料中体现了桑弘羊的哪些财税思想？试对桑弘羊的国家干预思想进行评述。

案例 8　上海市政府界定黑车标准引发市民热议①

最近，汽油又涨价了。越来越多的老百姓深感出行压力。拼车被官方允许，社区 1 元巴士开通，对很多人来说是好消息。打黑还在继续，关于黑车存在的合理性、合法性，界定“黑车”的标准，人们依旧有话要说。

住在张江的李懿管黑车叫“小黑”。略带亲昵的称呼体现了她对黑车的态度。“我们这边还没有开通社区巴士，还得靠‘小黑’。”李懿说，因为“小黑”的存在，她每天的交通费可以省下 18 元。

一、为啥要“打黑”?

李懿给记者算了她的出行成本。“坐‘小黑’到地铁 2 号线张江站 3 元，张江到徐家汇 5 元，来回 16 元。”对每天不得不花的交通费，李懿既心疼又无奈，“这是最快最划算的方法了，还是贵。”她不是没想过买车，“油费、停车费吓人，上海又堵得要死，算啦。”

李懿觉得大众对“黑”的定义跟官方不一样，“人家就是没运营证而已，又没挣黑心钱。对我们来说，暴利奸商才黑”。2009 年 10 月 29 日起，上海开展了打击非法运营专项整治活动。之后，社区巴士推出。“有社区巴士当然好，但总归有顾不到的地方。现在房产越开发越往郊区走，轨道公交车没那么快跟上，‘小黑’肯定有市场。”

李懿的需求自然不是个别现象。2008 年年底的一项网络调查就显示，不赞成取缔黑车的比例达 77%。而官方数据显示，上海 2005 年、2006 年、2007 年以及 2008 年前 10 个月分别查处 7 500、23 000、25 000、18 000 辆（次）黑车；2009 年上半年，又查处黑车 16 700 辆（次）。这也说明黑车需求在扩大。“有必要打击所谓非法营运的‘黑车’吗?”学者鄢烈山更是直接撰文表达了“也不必耗费大量警力和行政成本做这种可做可不做的事，完全可以善意地忽略所谓非法营运，把有限的警力用到更重要的事情上”的观点。

二、界定标准合理吗?

上海相关部门于 2009 年出台了“黑车”界定标准，试图将“拼车”与“黑车”区别开来。对于 5 条标准，有市民充满疑惑：“是 5 条都满足才能界定？还是只要满足 1 条就可以定了?”对每条标准，他都有问题。就拿第一条来说，“合乘者路线一致、

① 资料来源：上海市政府界定黑车标准引发市民质疑［EB/OL］.（2009-11-17）［2020-09-20］. http://sh.sina.com.cn/news/s/2009-11-17/1444122918.html.

目的地相近，黑车无固定的路线和目的地”。有市民问：“很多‘黑车’也有固定路线和目的地呀！”再比如，“合乘者多为与车主相识的熟人、朋友、居民等‘特定群体’，黑车服务的对象则是‘非特定群体’”。“在固定小区做熟客生意的黑车不也是服务‘特定群体’?”该市民表示，不是自己玩文字游戏，实在是定义含糊。

三、灰色地带永远存在

“打黑是必须的，但黑车也会永远有市场。”零点咨询集团董事长袁岳认为，“灰色地带永远存在。”2009 年 11 月 12 日第五届中国公共服务评价研讨会上，“倒钩”对上海政府及上海城市形象的负面影响、公众对公共交通的评价指数等都成为绕不过去的话题。

公众对黑车的需求，袁岳表示理解，存在即合理，但并不表示合法。“黑车属于非法营运，搁哪个城市，政府都要打。”去过 60 个国家的袁岳见过各种黑车，“纽约、东京等大都会都存在黑车，政府也一直在打黑。因为其价格扰乱了市场，又存在安全隐患”。

袁岳以盗版打比方：“盗版违法，但价格比正版便宜很多。有的人喜欢买盗版，觉得划算。但你不能因为大家都买就将盗版合法化。上海的小白领因为房价贵，钱都去买房了，所以没钱打车，喜欢便宜的黑车，不能因此就要求政府将黑车合法化。”

在袁岳看来，城市的公交体系必须不断解决这一矛盾，满足市民的需求。“政府得想办法解决。比如上海现在正推出的社区巴士，这是公共交通部分。而出租车并不属于公共交通，但政府的行政许可使得这个行业有特殊性。上海也可以降低出租车准入标准，让黑车自己变‘白’。但可以肯定，总有公共交通和出租车覆盖不到和满足不了的部分，比如城乡接合部，所以黑车永远有市场。这是一个不断博弈的过程。”

案例解析

公共管制是政府干预市场失灵常用的手段之一。由于黑车在一定程度上扰乱了交通运输秩序，对管理和安全都带来了不利影响，各地都在加大对黑车的治理。而从现实来看，黑车有其存在的市场空间。整体来看，政府对黑车市场的管制效果甚微。现实中，“神州租车”“滴滴网约车”等是出租车市场面对政府管制而进行的创新。本案例让学生了解政府管制及其可能存在的问题，同时去思考面对现实中存在的很多具有市场需求空间的产品和服务，我们的公共管制行为是否可以有所修正，市场的制度创新和技术创新是否可以不断促使政府公共管制思路的创新。

思考题

政府对“黑车”的整治为什么会失效？如果没有政府管制，这一市场会如何发展？

案例9　国民收入再分配①

国际上，初次分配时，政府占比有的高达百分之三十几，百分之四十几的也有，但是二次分配以后，居民是占大头的，有百分之七十，甚至更多一点。我国居民收入占比最高的时候达到了百分之六十七，现在大概是百分之六十，也有的算法只有百分之五十几，数据不全面，算的结果也不一样，但纵向比都是下降的。所以党的十七大、十八大报告和《关于深化收入分配制度改革的若干意见》都提出要“提高两个比重”。我国下一步切这个大“蛋糕”，专家认为总体上要“减负、多收、节支、增投”。所谓“减负”，就是使劳动密集型企业进一步减轻税费负担；“多收”现在已经体现出这个精神了，就是对国有资本收益全面纳入预算管理，而且国企税后利润要提高上交比例；“节支”就是要减少不必要的“三公开支”、行政经费的支出；“增投”就是指增加对民生开支的投入。这些措施可使居民收入占比逐步上升到百分之六十五及以上。

案例解析

政府、居民、企业在国民收入分配体系中的占比对一国未来经济持续健康增长具有重要的意义。在国民收入分配体系中，更多的财富集中在政府手中，从长远来看不利于经济长期持续发展。只有合理安排政府、居民和企业在国民收入分配中的份额，调整优化政府支出的结构，才能从根本上调动整个社会的积极性、提高其活力，最终实现经济、财政的可持续性。本案例让学生进一步理解财政收入分配的含义，以及实现财政收入分配职能的政策手段。

思考题

政府运用收入再分配的两个手段调节社会经济，分析税收体制改革和公共支出优化的着眼点。

① 资料来源：刘玉海．21世纪经济报道：政府收入分配改革步子应更大［EB/OL］．（2013-03-06）［2020-09-12］．http://finance.sina.com.cn/review/jcgc/20130306/023114730513.shtml? from=wap.

案例10　路灯、房灯和村道

家里的灯坏了，我们会很快购买并更换，但街边的路灯坏了，我们只会说一句："路灯怎么又坏了，没人管吗?"

农民家院子里经常会装一盏灯，但一般只有在自己使用时才会打开，用完后就会关闭，不会一直亮着灯为他人照明。

小王家住农村居民区的最深处，小巷的道路没有做硬化，尤其是阴雨天出入不方便。为此小王建议由自己出资50%，其他四家共同出资剩余50%以进行小巷道路的硬化。商议后其他几家不愿意出资，小王要想做道路硬化只能自己全额出资，最终小巷的道路硬化工程不了了之。

案例解析

该案例中的路灯、房灯和村道涉及了社会产品中的公共产品、私人产品和混合产品。日常生活中人们对这三类产品的支付方式可以为我们理解产品提供方式奠定基础。本案例让学生更容易理解公共产品一般采取公共提供，私人产品一般采取市场提供，具有外部效益的混合产品理想的提供方式是混合提供。

思考题

从公共产品理论出发，思考为什么人们对路灯、房灯和村道采取不同的提供方式?

案例11 政府购买公共服务[①]

山东省枣庄市薛城区常庄镇有42个村庄，2013年之前各村的垃圾由镇上清理清运，员工工资、车辆折旧、维修和用油等费用每年至少90万元；外包给枣庄艺洁益公司每年仅28万元，较之前节省60多万元。政府向有资质的社会组织购买公共服务，不仅减轻了财政负担，政府由公共服务的生产者、提供者转为管理者、监督者，也转变了政府职能，提高了行政效能，更提升了公共服务质量，群众特别满意，可谓一举多赢。2013年，薛城区在山东省率先全面试水公共服务外包，外包领域涉及城乡环卫一体化、城市公共自行车管理、机关事业单位卫生保洁、老年公寓服务、园林绿化、环城河水面保洁等，近50家有质资的社会机构按照市场化运作、契约化管理、多元化评价模式，通过竞标承担了薛城区公共管理服务职责。据统计，薛城区已推行村庄垃圾清理清运外包的6个镇街，年外包费用仅178万元，较之前节省财政费用202万元。

案例解析

用市场的高效率、低成本来保障公共产品的有效提供，同时又可以节约财政支出。近年来，政府购买公共服务已成为各国提高财政资金使用效益常用的手段之一。从案例资料中可以看出，政府购买公共服务节约了财政支出，提高了财政资金使用效益。通过该案例，学生需要理解政府购买公共服务的政策目的，明确提高财政资金使用效益是财政支出管理的核心。

思考题

公共服务外包了，相关职能部门人员主要做什么？这样符合效率标准吗？

---

① 资料来源：枣庄薛城区全面试水公共服务外包 一年节省202万［EB/OL］.（2013-11-10）［2020-09-20］. http://zaozhuang.iqilu.com/zzyaowen/2013/1110/1737150.shtml.

案例 12　中国最赚钱的公司，要上市了[①]

2018 年 12 月 31 日，中国烟草子公司中烟国际（香港）向香港交易所递交了 IPO（首次公开募股）的材料，赶上了 2018 年的末班车。过去三年，中国烟草每年的税利总额都突破万亿元，是中国最不缺钱的公司。2017 年中国财政总收入 17 万亿元，等于 17 家中国烟草的利税总额，这还是在烟草公司支付了上下游近千万就业人口工资及保持高福利的前提下。单单以利润计算，中国烟草等于大约 20 个阿里巴巴。一家之盈利等于“四大行+两桶油”，甚至还可以带上数个腾讯、阿里。就是这样一家“土豪”公司的子公司将要上市了。在中烟国际（香港）递交的上市材料中，这样披露道：扩大东南亚等主要目标市场的销售，与其他国际卷烟公司战略合作。如此赚钱的烟草公司，也跑来上市，真相只有一个：瞄准国际市场。

我们都知道，烟草对身体有很大损害，号召直接取缔烟草生产吧，这显然是不可能的。烟草是刚性需求，取消了烟草生产只会造成市场上外烟、走私烟和假烟泛滥，想抽的还是会抽。

以俄罗斯为例，烟草专卖取消了，但烟民并没有消失，结果导致外烟彻底占据了本地市场。什么意思？钱都让外国人赚去了，国家因此减少的税收是很大一笔损失。来算一笔账，2016 年我国烟草行业上缴的利税超过一万亿元，同年军费开支是多少？九千五百亿元。换句话说，我国的烟民完全支付了国防预算。

回望 19 世纪，美国的一张禁酒令，换来的是黑市交易、凶杀和社会风气的全面败坏，老百姓的后备厢里装的不再是出游的餐布和火腿，而是防身用的左轮手枪。这一切仅仅是因为小小的一瓶酒。那么比酒类利润还要大、成瘾性更强、社会出现频率更高的烟草呢？在巨大的市场需求面前，随随便便一禁了之带来的是什么呢？

实际上，近代所有的欧洲强国，基本都是以烟酒等瘾品收入作为主要财政来源的，即便大力反烟，也只是控烟，而从未谈过全面取缔，因为涉及的利益太大了。只要还有吸烟人，那么烟草这个消费市场就会继续存在着。

对国家而言，烟草是财政的重要基石。考虑 2019 年国内财政收支形势依然严峻，那么烟草税利对财政的支撑作用或继续提升。而中国烟草不仅要赚国内烟民的钱，还要上市融资，去扩大海外的市场份额，为国家财政收入加一把火！

① 资料来源：新浪财经. 中国最赚钱的公司，要上市了［EB/OL］.（2019-01-25）［2020-11-15］. https://finance.sina.com.cn/money/fund/fundzmt/2019-01-20/doc-ihrfqziz9256384.shtml.

案例解析

烟草制造业是夹缝中的产业，是许多国家的主要税源。中国烟草业在日益严格的控烟政策和保障国家财政收入的使命之间探索发展之道。一方面，吸烟有害健康；另一方面，中国是一个发展中国家，烟草利税对有些地方的产业发展以及就业都有较大影响，是否应该严厉禁烟，值得探讨。烟草是典型的劣值品，消费者的不合理偏好是市场失灵的表现之一。纠正消费者的不合理偏好除了采用财税政策诱导之外，公共管制、立法也是常见的干预手段。本案例让学生进一步理解偏好不合理这一市场失灵现象，思考不同治理手段的政策效果，从而引导学生思考政府公共政策改革的思路。

思考题

中国政府是否应该严厉禁烟？试说明你对烟酒这类消费品的政策主张。

公共支出篇

案例 13　2009—2018 年我国一般公共预算支出规模变化

图 1—图 3 反映了 2009—2018 年我国一般公共预算支出变化情况。

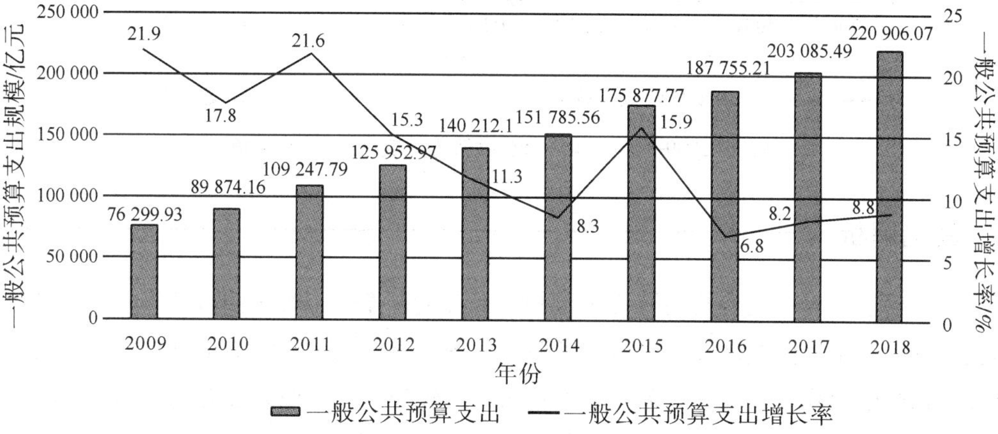

图 1　2009—2018 年我国一般公共预算支出规模及其增长率

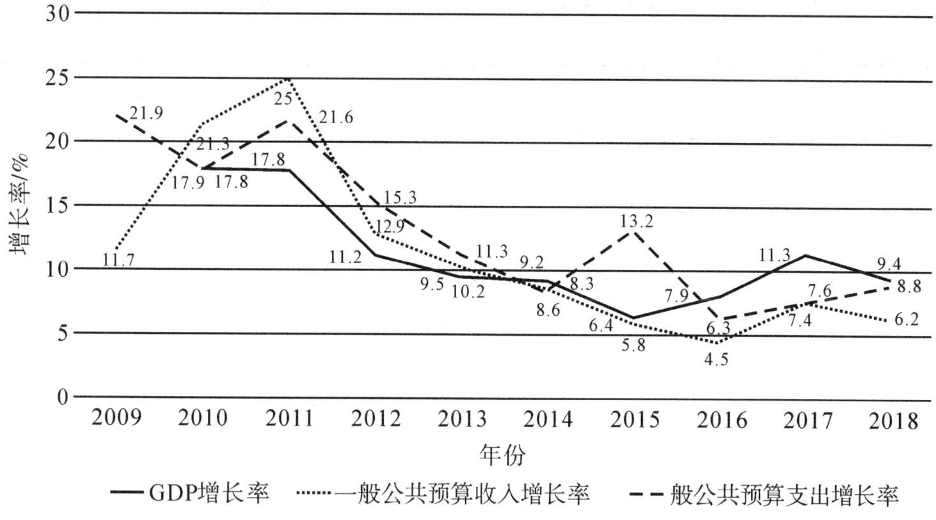

图 2　2009—2018 年我国 GDP、一般公共预算收入、一般公共预算支出增长率

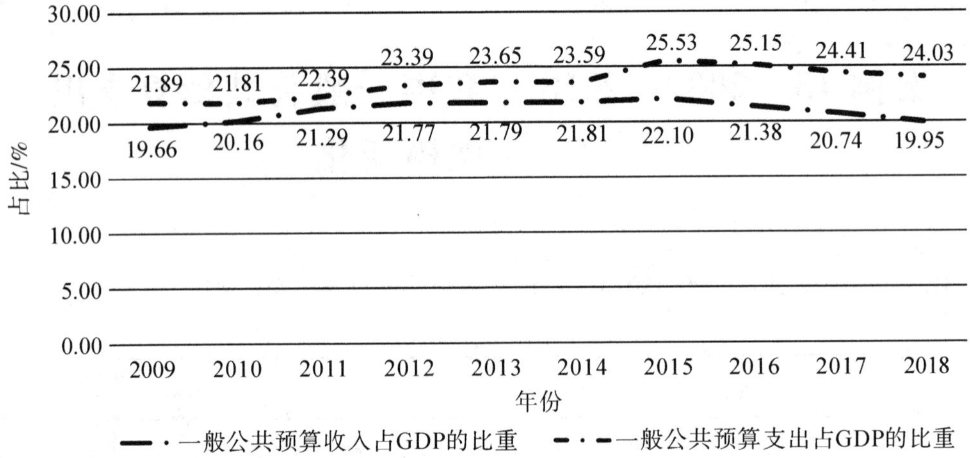

图 3　2009—2018 年一般公共预算收支占 GDP 的比重

案例解析

瓦格纳法则对一般公共预算支出规模增长变化一般规律的归纳和解释，在我国一般公共预算支出规模变化过程中得到了验证。图中所示的 2009—2018 年我国一般公共预算支出规模变化、一般公共预算支出变化、一般公共预算收入变化与 GDP 变化之间的关系，有助于学生理解一般公共预算支出规模变化的一般规律，以及一般公共预算支出规模变化与经济增长、一般公共预算收入变化之间的关系。本案例让学生能够从更广泛的意义上理解经济决定财政以及“以收定支”的现实意义。

思考题

2009—2018 年我国一般公共预算支出规模变化的原因解释。

案例 14　2009—2018 年我国一般公共服务支出规模变化

图 4 为 2009—2018 年我国一般公共服务支出的规模变化及占 GDP 和财政支出的比重变化。

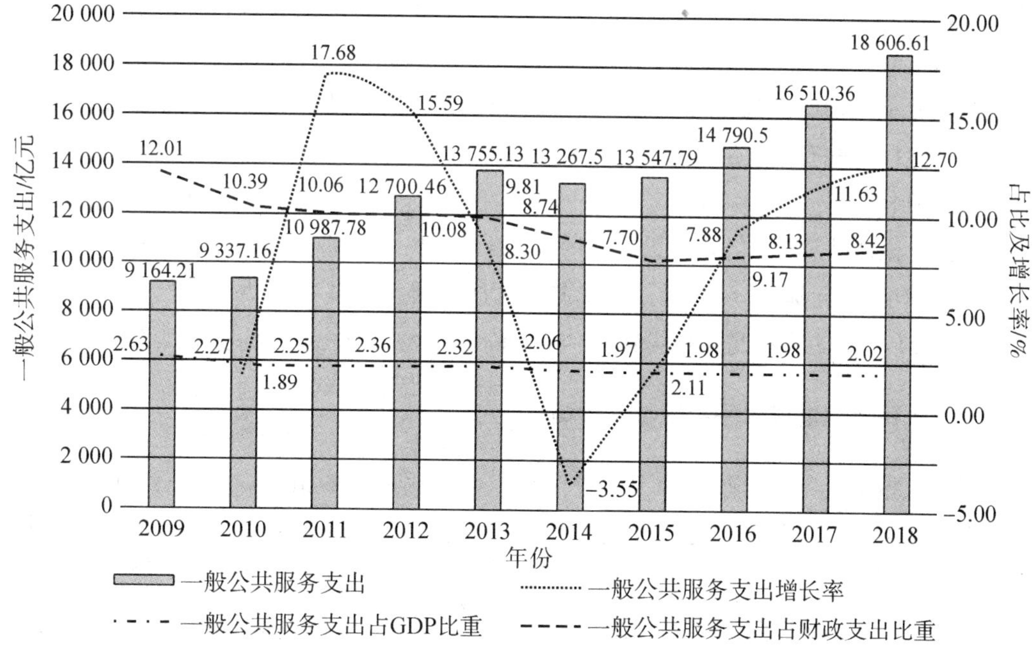

图 4　2009—2018 年我国一般公共服务支出及其变化

案例解析

一般公共服务支出是一般公共预算支出的重要组成部分。“十二五”以来，中央一直强调要压缩一般公共服务支出，尤其是“三公”经费支出，以调整财政支出结构，增加民生财政支出规模。从 2009—2018 年数据变化可知，这一阶段我国一般公共服务支出占 GDP 比重和财政支出比重均有所下降，说明中央的政策意图在各地得到较好落实。本案例让学生学会理解财政经济现象要从较长时期的数据变化进行分析，要学会用数据分析解释现实。

思考题

结合公共产品理论和一般公共服务自身特性，分析为什么要压缩一般公共服务支出。

案例15　2013—2017年全国财政医疗卫生累计支出59 502亿元[①]

受国务院委托，财政部部长刘昆于2018年12月24日向全国人大常委会做国务院关于财政医疗卫生资金分配和使用情况的报告时介绍，财政部将会同卫生健康委等有关部门，进一步加大投入力度，优化支出结构，全面实施绩效管理，提高资金使用效益，推动建立适合我国国情的、可持续的医疗卫生投入长效保障机制。

报告显示，2013—2017年，各级财政对城市社区卫生服务中心、乡镇卫生院等基层医疗卫生机构的直接补助由1 059亿元增加到1 808亿元，年均增长14.3%，占基层医疗卫生机构总收入的44.2%。2013—2017年，中央财政公共卫生服务补助资金从408.5亿元增加到587.2亿元，累计补助2 496亿元，支持将基本公共卫生服务人均财政补助标准由30元提高至50元，免费向城乡居民提供的基本公共卫生服务项目由11类增加至14类，支持开展针对艾滋病、结核病等重大传染性疾病的防控工作。

一、人民群众健康水平实现稳步提高

报告汇报了近年来财政医疗卫生资金投入和使用的基本情况。2013—2017年，全国财政医疗卫生（含计划生育，下同）累计支出59 502亿元，年均增幅11.7%，比同期全国财政支出增幅高出2个百分点。2018年全国财政预算安排医疗卫生支出15 291亿元，较上年增加840亿元，增幅高于全国财政支出2.5个百分点，占全国财政支出的比重达到7.3%。在总量快速增长的同时，各级财政按照医改部署要求，供需兼顾、突出重点，持续优化支出结构。报告显示，人民健康水平稳步提高。我国人均预期寿命由2010年的74.8岁提高到2017年的76.7岁。孕产妇死亡率由23.2/10万人下降到19.6/10万人，提前实现了联合国千年发展目标。可预防传染病发病率降至历史最低水平，有力地提高了人民群众的健康水平。

二、个别统筹地区出现历年累计赤字

报告介绍了加强财政医疗卫生资金管理的主要措施，包括：规范事权划分，完善制度建设，严格预算管理，推进项目整合，强化绩效管理，狠抓监督检查等。

与此同时，报告也指出了目前存在的主要问题，具体表现为：

改革措施仍需加强。药品、耗材价格虚高问题仍较突出，人事薪酬改革相对滞后，

---

① 资料来源：张绵绵. 刘昆作关于财政医疗卫生资金分配和使用情况的报告［EB/OL］.（2018-12-24）［2020-10-22］. http://www.npc.gov.cn/zgrdw/npc/cwhhy/13jcwh/2018-12/24/content_2067808.htm.

医务人员技术劳务价值还没有得到充分体现，一些地区推进医保支付方式改革进展不及预期，可持续性压力加大。2017 年职工医保统筹基金和城乡居民医保基金分别有一些统筹地区出现当期赤字，个别统筹地区甚至出现历年累计赤字。

费用结构有待优化。卫生总费用流向基层医疗卫生机构相对较少；各地人均卫生总费用差异较大，区域间医疗卫生服务水平仍欠均衡；公立医院医疗收入中，体现医务人员劳务价值的诊察、治疗、手术、护理等收入占比较低；绩效管理亟待加强。

部分资金使用单位绩效管理理念尚未牢固树立，管理制度不够完善，重立项、轻绩效问题仍然存在。体现医疗卫生行业特点的绩效指标体系尚不健全，绩效指标设置的针对性、科学性及其评价结果的有效性有待提高。

三、国家财政医疗卫生资金将在五方面加大投入力度

进一步加大各级财政对基本医疗卫生的投入力度，把基本医疗卫生制度作为公共产品向全民提供。完善与公立医院发展相适应的政府投入办法，全面落实政府对符合区域卫生规划的公立医院投入政策，指导地方在清理甄别的基础上稳妥化解符合条件的公立医院长期债务。

建立结构优化、运行高效的医疗服务体系，大力推进国家组织药品集中采购和使用试点。加大改革力度治理高值医用耗材，进一步提高医保基金使用效率，以充分发挥市场激励机制和促进药价公开透明为抓手，建立价格合理、供应充分、规范有序的药品供应保障体系。

建立健全政府主导的医疗卫生多元筹资机制，更好地满足医疗卫生事业发展的需要。进一步完善非营利性和营利性医院的分类管理办法，在人才引进、资产权益、税收优惠、融资服务等方面细化社会办医支持政策，充分发挥市场机制作用，激发社会资本投资医疗卫生事业的积极性。

加大健康扶贫投入力度，采取有效措施提升农村贫困人口医疗保障水平和贫困地区医疗卫生服务能力。统筹基本医保、大病保险、医疗救助等保障措施，着力减轻农村贫困人口医疗费用负担，切实防止因病致贫、因病返贫。

严格执行预算法等法律法规，加强制度建设，提高资金使用管理的科学性和规范性。继续优化整合医疗卫生项目，从源头上避免财政资金的重复投入和低效使用。全面推进预算绩效管理，加快完善覆盖预算编制、执行全过程的绩效管理机制。

案例解析

医疗卫生属于广义的公共产品的范畴，具有明显的外部性。加大医疗卫生领域的投入力度，不断提高人民的健康水平，是政府的职责所在。在这一过程中，需要进一步加强财政医疗卫生支出资金的绩效管理，提高医疗卫生资金的使用效益。本案例一方面让学生关注我国医疗卫生事业目前的发展情况；另一方面也让学生思考提高医疗卫生支出资金使用效益、减少医疗卫生资金赤字问题的思路。

思考题

分析政府加大对基本医疗卫生领域投入的理由。分析个别统筹地区医疗卫生资金出现历年累计赤字的原因，你认为可以采取哪些措施缓解该现象。

案例 16　库布齐治沙模式[①]

7 000 人的队伍，25 年的时间，5 000 平方千米的绿洲，上千亿元的产业，这一组枯燥的数字，串起的是一张在国际上响当当的“中国名片”——库布齐治沙模式。

一、库布齐沙漠三分之一成绿洲

黄河穿过宁夏，一路北上，在广袤的内蒙古中部，写下一个大大的“几”字。这个“几”字内侧的顶部，就是漫漫的库布齐沙漠。黄河似弓，沙漠如弦，这片 1.86 万平方千米的沙漠，是我国第七大沙漠，也是十几万库布齐人的家园。

25 年前，一个叫王文彪的年轻人，带着一支团队，开始在库布齐沙漠修路种树。25 年间，汗水浸透沙漠，泪水滋润苗木，心血灌溉绿洲。25 年后，库布齐沙漠的三分之一，被纵横交错、总面积超过 5 000 平方千米的绿色分块切割。王文彪带领的那支团队，也从一个沙漠小盐场，发展成为市值近千亿元的现代企业——亿利集团。

二、可持续商业治沙

联合国防治荒漠化公约组织和 190 多个缔约国代表认为，库布齐荒漠化防治为世界树立了典范，创造了“市场化、产业化、公益化”的治沙经验，探索出一条“治沙、生态、民生、经济”平衡驱动的可持续发展之路。据联合国环境署的评估认定，亿利集团库布齐治沙绿化规模达到了 6 000 多平方千米，创造生态财富 5 000 多亿元，带动脱贫致富 10.2 万人次。仅 2018 年，亿利集团在库布齐建设的两大绿色工业园区主营业务收入就达到了 88.1 亿元。

下面的数据，也许能形象地反映出库布齐“四轮驱动”的平衡发展模式：

通过种树、种甘草、建锁边林，亿利集团共绿化了 5 000 多平方千米的沙漠，占整个库布齐沙漠面积的近 1/3，相当于七八个新加坡的面积。

建成了总长 200 多千米的沙漠生态绿色屏障，使京津冀地区的沙尘暴明显减少。降水量从不足 70 毫米发展到 2013 年的 300 多毫米，多年不见的仙鹤、狐狸等野兽开始出没。

沙区农牧民除了有偿租赁、以沙入股获得收益外，数万农牧民每年仅生态建设工程的劳务收入就可达 3 亿元。统计显示，亿利集团治沙和发展沙产业使当地牧民的年均收入在 10 年间增长了 7 倍。

① 资料来源：令伟家. 库布齐模式：国际治沙的“中国名片”［EB/OL］.（2014-09-11）［2020-11-15］. http://finance.china.com.cn/industry/special/stwm/20140911/2669318.shtml.

和绿色蔓延相随的，是亿利集团产业链的不断加粗拉长。沙漠，在产业的魔力下“点石成金”，防沙治沙—生态修复—土地整治—产业开发的沙漠生态经济循环产业体系正形成：沙漠阳光发电，沙柳、柠条作肥料，沙漠甘草、红枣、苁蓉源源不断输送到全国各地。

案例解析

库布齐治沙模式的成功是因为它实现了治沙与经济发展的双重目标，而不是单纯地治理沙漠。亿利集团在长期探索实践中创造了亿利库布齐治沙生态产业服务模式，即通过生态修复，提升土地增值收益，并在此基础上导入节能环保、生态文旅、生态康养、农牧业体验等绿色产业，建立短期生态工程技术服务收益、中期土地增值收益和长期的绿色生态产业投资运营收益回报机制，形成“三层饼”盈利模式，实现生态修复和绿色生态产业的可持续融合发展，突破长周期、高投入、低效益的发展瓶颈，让政府、企业、投资者、市场和社会利益共享。这一模式创新性地解决了“沙漠怎么绿，钱从哪里来，利从哪里来，如何可持续”的世界性难题。

沙漠生态事业，只有在市场魔棒的指挥下，才能跳出美丽的舞步。正如王文彪所说，可持续商业治沙模式，在西部地区取得的成功实践，是中国防沙治沙的一项重要成果，也为世界防沙治沙起到很好的示范效果。

本案例，一方面让学生掌握治理外部成本的基本思路和手段；另一方面引导学生思考在政策实践中如何有效发挥市场的作用治理外部成本，以及促使市场作用有效发挥需要提供什么样的制度环境。

思考题

1. 荒漠化会产生明显的外部成本，减少或解决外部成本问题的基本思路是什么？减少外部成本带来的效率损失，可以由政府干预，政府干预外部成本的方式有哪些？试简要对上述方式进行评价。你认为要使政府干预方式有效发挥作用，在实施中应该注意哪些问题。

2. 减少外部成本带来的效率损失，也可以采用“库布齐模式”这种市场化的方式。采用市场化方式减少外部成本带来的效率损失，关键要解决好什么问题？

案例 17　打好污染防治攻坚战[①]

全国生态环境保护大会于 2018 年 5 月 18 日至 19 日在北京召开。习近平总书记出席会议并发表重要讲话，对全面加强生态环境保护、坚决打好污染防治攻坚战，做出了系统部署和安排。他强调，要自觉把经济社会发展同生态文明建设统筹起来，充分发挥党的领导和我国社会主义制度能够集中力量办大事的政治优势，充分利用改革开放 40 年来积累的坚实物质基础，加大力度推进生态文明建设、解决生态环境问题，坚决打好污染防治攻坚战，推动我国生态文明建设迈上新台阶。

李克强在讲话中指出，要认真学习领会和贯彻落实习近平总书记重要讲话精神，以习近平新时代中国特色社会主义思想为指导，着力构建生态文明体系，加强制度和法治建设，持之以恒抓紧抓好生态文明建设和生态环境保护，坚决打好污染防治攻坚战。坚持统筹兼顾，协同推动经济高质量发展和生态环境高水平保护、协同发挥政府主导和企业主体作用、协同打好污染防治攻坚战和生态文明建设持久战。

李克强强调，要依靠改革创新，提升环境治理能力。逐步建立常态化、稳定的财政资金投入机制，健全多元环保投入机制，研究出台有利于绿色发展的结构性减税政策。持续推进简政放权方面的改革，把更多力量放到包括环境保护在内的事中事后监管上。抓紧攻克关键技术和装备。强化督查执法，大幅度提高环境违法成本。引导全社会树立生态文明意识。确保完成污染防治攻坚战和生态文明建设目标任务。

案例解析

习近平总书记指出，生态文明建设是关系中华民族永续发展的根本大计。中华民族向来尊重自然、热爱自然，绵延 5 000 多年的中华文明孕育了丰富的生态文化。生态兴则文明兴，生态衰则文明衰。

总体上看，我国生态环境质量持续好转，出现了稳中向好趋势，但成效并不稳固。生态文明建设正处于压力叠加、负重前行的关键期，已进入提供更多优质生态产品以满足人民日益增长的优美生态环境需要的攻坚期，也到了有条件有能力解决生态环境突出问题的窗口期。我国经济已由高速增长阶段转向高质量发展阶段，需要跨越一些常规性和非常规性关口。我国政府要大力推进生态文明建设，提供更多优质生态产品，不断满足人民群众日益增长的优美生态环境需要。

本案例希望引导学生思考在污染防治和生态环境治理过程中，如何既发挥政府的

① 资料来源：孙宗鹤. 习近平在全国生态环境保护大会上强调 坚决打好污染防治攻坚战 推动生态文明建设迈上新台阶［EB/OL］.（2018-05-20）［2020-09-28］. http://difang.gmw.cn/cq/2018-05/20/content_28877891.htm.

积极作用，同时又能有效调动市场主体的积极性。这是在公共政策制定过程中需要认真思考的问题。

思考题

1. 污染防治、环境保护是典型的具有外部效益的混合产品。具有外部效益的产品如果单纯由市场提供，市场的行为选择是什么？为什么？从理论上分析，此类产品如何提供能更好地体现公平和效率目标？

2. 结合李克强总理的要求以及你所学专业知识，试分析李克强总理治理污染的理念。

案例18　排污权交易江苏先行　交易行业和区域将扩大①

财政部2014年3月24日发布消息称，排污权有偿使用和交易试点取得积极进展，下一步将在全国推动建立排污权有偿使用和交易制度，由三部门联合起草的工作指导意见已上报国务院办公厅。作为全国最早开展排污权交易的试点省份，江苏省将在更广范围、更大领域推进排污权有偿使用及交易。

一、排污权交易江苏先行

排污权交易是指在污染物排放总量控制的前提下，排污单位与环保部门（一级市场）或排污单位之间（二级市场）进行排污指标的购买或出售，充分体现了“资源有价”的理念。党的十八届三中全会决定中明确提出，要“实行资源有偿使用制度”，其中就包括这一制度。

江苏省环保厅相关负责人透露，我国排污单位按规定排放污染物的许可量，由环保部门分配。而美国的经验表明，在污染物排放总量控制的前提下，排污单位与环保部门或排污单位之间进行排污指标交易，可实现环境资源的优化配置，促进污染减排的成本节约。

基于这样的理念，早在十多年前，江苏省就率先探索排污权交易。2001年9月，在美国环保协会专家指导下，经南通环保局积极推动，南通天生港发电有限公司与南通醋酸纤维有限公司进行国内首笔排污权交易。2003年，经省环保厅牵线，江苏太仓港环保发电有限公司和南京下关发电厂达成排污权交易，这是全国首例跨越行政区域的二氧化硫排污权交易。

自2007年起，财政部会同环保部、国家发展改革委，先后批复天津、江苏等11个省（市）作为国家级试点单位，探索实行排污权有偿使用和交易制度，共安排5.22亿元资金支持试点省（市）加强污染物排放监测监管及交易平台建设。江苏省太湖流域便是试点地区之一。2008年9月，该流域200多家重点排污企业率先告别“免费午餐”时代，有偿获得COD（化学需氧量）的排放权。2007年10月，江苏电力行业6家企业参与全省首场排污指标竞拍。

① 资料来源：后晨. 排污权交易江苏先行 交易行业和区域将扩大［EB/OL］.（2014-03-26）［2020-08-26］. http://www.zgjssw.gov.cn/yaowen/201403/t1433319.shtml.

二、企业减排政府增加治污收入

财政部人士表示，排污权有偿使用和交易制度试点已取得不错效果。据初步统计，试点省（市）累计拍卖排污权实现收入约 20 亿元，全部用于污染物治理投入等。

事实上，从排污权的无偿分配到有偿使用，不仅给政府带来一笔治污收入，也倒逼企业树立节约使用排污指标的意识。而排污权在二级市场的交易，既有利于污染总量控制，也有利于企业减排经济价值市场化。

江苏省环保厅相关负责人表示，不同的行业、企业减排难度大小和成本高低不同。在污染物总量控制的前提下，减排难度和成本较小的行业、企业通过技术手段削减排污量，其排污指标中多出来的部分可有偿转让给其他排污单位，那么，在排污总量不变的情况下，社会总的减排成本可以更加优化。而出售排污权的企业，还能获得资金补偿，有利于提高企业减排积极性。

在 2007 年举行的全省首场排污指标竞拍中，江苏正兆生物质能发电有限公司（盱眙项目）以二氧化硫 4 780 元/吨、氮氧化物 4 980 元/吨竞拍成功。这意味着，该公司将为 47. 5 吨的二氧化硫指标花费 22. 7 万元，而 86. 5 吨氮氧化物则需耗资 43 万元。这两笔钱均付给排污权的出售方。

在苏州环境能源交易中心负责人蒋伟看来，排污权交易将原本属于环保部门的分配排污指标的权力让渡给市场，使得指标的分配更加公开、透明。对一个区域而言，在污染排放总量得到控制的情况下，这种机制可兼顾经济发展。

三、交易行业和区域将扩大

从江苏省的试点情况来看，仍有不少难点尚待深化改革来破解。

难点之一在于“流动性不足”，有富余指标的企业多存在惜售心理，考虑到本企业未来发展，不愿把指标拿出来交易。作为全省唯一市场化运作的排污权有形交易中心，2011 年成立的苏州环境能源交易中心直至 2007 年 10 月才真正运作第一起排污权交易，这其中还不乏政府的影子。

苏州环境能源交易中心正在谋划改革思路，除了排污权抵押贷款外，还准备搞排污权租赁。蒋伟说，“就像房子一样，产权还是你的。在不改变产权的前提下，让排污权流动起来”。另外，江苏省计划借鉴土地流转，搞排污权流转信托产品。“比方说，某地最近取消小锅炉 1 000 台，一个小锅炉减排二氧化硫可能一年就十吨，根本没法交易，而如果把零散的排污权流转集中起来，那就有上万吨的可交易量。”

一项由南京大学环境学院与苏州环境能源交易中心共同进行的调研指出，让排污权交易与环境管理更契合是当务之急。调研者建议，融“建设项目管理、污染减排、环境质量改善”为一体，创新排污权交易，改变排污权交易与环境管理的脱节现象。除在建设项目环境管理阶段推行排污权交易，还可在污染减排上尝试交易，通过交易配合环保部门强化污染减排管理，提升污染减排效率，推动污染减排，这方面国内尚无实践。

时任江苏省环保厅总量处处长杨新芝证实，该厅正在广泛调研，近期有望拿出深化排污权有偿使用及交易的改革方案。可以肯定的是，江苏将扩大排污权有偿使用与交易的行业范围与推广区域，做大这个“绿色生意”。如目前主要在电力行业试点，未来钢铁、水泥等行业都可望纳入其中；除了苏南地区大面积推广外，苏中、苏北地区也会逐步试点。

案例解析

外部成本会造成效率损失。治理外部成本可以采取市场化的解决思路，也可以采取政府干预的方式。排污权拍卖将政府干预（数量管制）方式和市场化的解决思路相结合，既将污染控制在可接受的范围内，又通过排污权拍卖做到将外部成本内部化，对企业的生产行为形成有效的约束，促使其积极进行技术创新，转变生产模式。从财政的角度来看，排污权拍卖获取的资金专项用于环境治理，既保证了污染治理具有稳定的资金来源，同时也在很大程度上减轻了财政压力。本案例让学生思考如何将理论上给出的治理外部成本的市场化解决思路和政府干预手段灵活应用于现实，促使公共政策同时兼顾效率和公平。

思考题

结合所学知识，你如何评价排污权拍卖这一政策思路？

案例 19　康菲漏油事件[①]

美国康菲石油中国公司（以下简称“康菲”）与中国海洋石油总公司（以下简称“中海油”）合作开发的蓬莱 19-3 作业区于 2011 年 6 月发生溢油事故。7 月 5 日，国家海洋局通报称漏油情况已得到有效控制，漏油致 840 平方千米海域水质被污染。9 月 6 日，国家海洋局进一步通报称溢油累计造成 5 500 多平方千米海水污染，溢油隐患仍未彻底排除。康菲被指责处理渤海漏油事故不力。事件发生后，继 11 家民间环保组织致信中海油和康菲要求道歉之后，7 月 7 日，达尔文自然求知社和自然之友等民间环保组织人士告诉记者，将发起对中海油和康菲的公益诉讼，并已向双方提出要求到现场考察真实的清污情况，以收集证据。

据了解，在国外公益诉讼非常常见，国内部分地区正在试点，已有成功案例。之所以发起这一诉讼，是代表所有受此次溢油事件非直接影响的民众发起索赔，因为溢油污染对环境的污染不是一时的，会通过生态链在很长时间以后体现到人类身上。对此，海事海商方面的律师王科峰表示，他本人也是中华环保联合会的顾问律师，尽管我国的公益诉讼没有形成一套机制，但很多地方正在试点。在法律体系方面，民事诉讼法正在修订，而社会舆论正推动公益诉讼列入修订案中，从而使社团组织拥有诉讼的权利。

国家海洋局于 2012 年 4 月 27 日宣布，依据《中华人民共和国海洋环境保护法》规定，国家海洋局积极推进蓬莱 19-3 油田溢油事故海洋生态损害索赔工作，在有关部门密切配合和大力支持下，目前已取得了重大进展。

康菲和中海油总计支付 16.83 亿元。其中，康菲出资 10.9 亿元，赔偿本次溢油事故对海洋生态造成的损失；中海油和康菲分别出资 4.8 亿元和 1.13 亿元，承担保护渤海环境的社会责任。

国家海洋局表示，上述资金将用于渤海生态建设与环境保护、渤海入海石油类污染物减排、受损海洋生态环境修复等。

2016 年 9 月 30 日，天津海事法院一审判决认为，溢油事故对栾树海等 21 名养殖户的养殖海域造成了污染，其养殖权利应受到保护，康菲应当依法承担赔偿责任。中海油不是油田的作业者，也不控制污染源，不承担赔偿责任。栾树海等 21 名养殖户应当对损失程度和损失数额承担举证责任，由于栾树海等 21 名养殖户的举证未达到充分、确定的程度，因此天津海事法院结合相关证据及案件事实，对污染程度和数额进

---

① 资料来源：康菲漏油事件［EB/OL］.（2012-04-27）［2020-11-26］. https://finance.qq.com/a/20121126/004808.htm.

行了综合认定，参照行政赔偿补偿标准酌定栾树海等 21 名养殖户的损失数额为 1 683 464.4 元，并免除了栾树海等 21 名养殖户应承担的诉讼费用。

案例解析

外部成本问题是市场失灵的典型表现。从理论的角度来看，产生外部成本的根本原因是厂商的内部边际成本低于该产品的社会边际成本。因此，治理外部成本的基本思路是将外部成本内部化。征税（庇古税）、公共管制、运用科斯定理、兼并等均是在这一思路下演化出的将外部成本内部化的解决方式。康菲漏油事件是典型的外部成本问题。征收庇古税的解决思路在当时没有相应的法律依据。2018 年开始实施的《中华人民共和国环境保护税法》，使得通过税收手段将外部成本内部化成为现实。从该案例资料中可以看出，我国通过判罚的方式将外部成本内部化，这是通过公共管制的手段实现外部成本内部化。对渔民的补偿是通过公益诉讼的手段得以实现的。本案例，一方面让学生进一步掌握外部成本内部化的治理思路；另一方面促使学生思考我国治理外部成本的市场化手段需要具备的制度环境。

思考题

康菲公司漏油事件产生的一系列影响是明显的外部成本问题。从理论上来讲，治理外部成本的基本思路是什么？本案例中康菲和中海油支付各项赔偿的目的是什么？从康菲漏油事件的公益诉讼可以看出我国在治理外部成本问题时存在哪方面的制度缺陷？

案例20　中国国有企业的混合所有制改革

1984年党的十二届三中全会提出了“公有制基础上的有计划的商品经济”理论，从意识形态上解决了计划等同社会主义、商品经济与计划经济不相容的问题。

1992年党的十四大首次明确提出市场经济体制改革目标，认为转换国企经营机制是改革的中心环节。1993年党的十四届三中全会通过了《中共中央关于建立社会主义市场经济体制若干问题的决定》，进一步勾画了市场经济体制基本框架，明确了建立现代企业制度的目标和步骤，于1994年试点并逐步推广。

2004年1月31日国务院发布了《国务院关于推进资本市场改革开放和稳定发展的若干意见》（国发〔2004〕3号），明确提出要“积极稳妥解决股权分置问题”，并于2005年3月开始股份制改革。2005年国企现代企业制度建设基本结束。

2013年11月9日，党的十八届三中全会《中共中央关于全面深化改革若干重大问题的决定》提出“积极发展混合所有制经济”。该决定指出混合所有制是基本经济制度的重要实现形式，要以完善产权保护制度为基础，积极发展混合所有制经济，推动国企完善现代企业制度并支持非公有制经济健康发展。要在完善国资管理体制的基础上大力发展混合所有制，要以管资本为主，改革国资授权经营体制，组建若干国资运营公司，支持有条件的国企改组为投资公司，国资投资运营要服务于国家战略目标，更多投向重要行业和关键领域，重点提供公共服务，发展重要前瞻性战略性产业，并划转部分国资充实社会保障基金，允许更多国有经济和其他所有制经济发展成为混合所有制经济，允许非国有资本参股国有资本投资项目，允许混合所有制企业员工持股；要准确界定国企功能，公益性企业加大投入，自然垄断行业继续控股，破除行政垄断，因行业不同实行网运分开、放开竞争性业务，推进公共资源配置市场，要健全协调运转、有效制衡的公司法人治理结构，在职业经理人、内部管理、激励约束、责任追究、重大信息公开、市场选聘等方面进行制度化建设。同时要废除一些不合理规定、消除隐性壁垒，制定具体办法让非公有制企业进入特许经营领域，鼓励发展非国有资本控股的混合所有制企业。

2014年《政府工作报告》进一步提出“加快发展混合所有制经济”。国企民企融合成为新一轮国资国企改革重头戏。

2015年9月24日，《国务院关于国有企业发展混合所有制经济的意见》（国发〔2015〕54号）出台。文件指出，发展混合所有制经济，是深化国有企业改革的重要举措。国有资本、集体资本、非公有资本等交叉持股、相互融合的混合所有制经济，是基本经济制度的重要实现形式。多年来，一批国有企业通过改制发展成为混合所有制企业，但治理机制和监管体制还需要进一步完善；还有许多国有企业为转换经营机制、提高运行效率，正在积极探索混合所有制改革。当前，应对日益激烈的国际竞争和挑战，推动我国经济保持中高速增长、迈向中高端水平，需要通过深化国有企业混合所有制改革，推动完善现代企业制度，健全企业法人治理结构；提高国有资本配置和运行效率，优化国有经济布局，增强国有经济活力、控制力、影响力和抗风险能力，主动适应和引领经济发展新常态；促进国有企业转换经营机制，放大国有资本功能，实现国有资产保值增值，实现各种所有制资本取长补短、相互促进、共同发展，夯实社会主义基本经济制度的微观基础。在国有企业混合所有制改革中，要坚决防止因监管不到位、改革不彻底导致国有资产流失。混合私有制改革过程中要做到政府引导，市场运作；完善制度，保护产权；严格程序，规范操作；宜改则改，稳妥推进。

2016 年，国有企业混合所有制改革进程加快。截至 2016 年年底，中央企业混合所有制企业户数占比已达到 67.7%，一半以上的省级地方监管企业及各级子公司中混合所有制企业数量占比也超过了 50%。

案例解析

市场竞争的公共企业运行效率远高于集中计划的公共企业，已被我国 70 多年经济运行实践验证。改革开放 40 多年来，我国将国有企业推向市场，同时通过混合所有制改革极大地提高了国有企业的活力和效率。因此，才有了中央一直强调的要推行更加彻底的市场化改革，要将改革进行到底的决心和思路。在大型垄断性国企推行混合所有制改革就是这一思路的重要组成部分。本案例，一方面，要让学生理解国家持续推进混合所有制改革的背景；另一方面，进一步加深学生对市场竞争的公共企业相较于集中计划的公共企业的优势的理解。

思考题

试分析我国在大型国有垄断性企业引入混合所有制改革的理论依据及现实可行性。

案例21　阶梯电价[①]

2011年11月30日，国家发改委宣布上调销售电价和上网电价，其中销售电价全国平均每千瓦时3分钱，上网电价对煤电企业是每千瓦时2分6角钱，所有发电企业平均起来是2分5角钱。同时，发改委还推出了居民阶梯电价指导意见，把居民每个月的用电分成三档：第一档是基本用电，第二档是正常用电，第三档是高质量用电。第一档电量按照覆盖80%的居民用电量来确定，第二档电量按照覆盖95%的居民用电量来确定。第一档电价保持稳定，不做调整，第二档电价提价幅度不低于每度5分钱，第三档电价每度要提高3角钱。和原征求意见稿不同，意见还增加了一个免费档，对城乡低保户和五保户各个地方根据情况设置10到15度免费用电量（见表1）。

表1　居民阶梯电价方案

分档	用电性质	覆盖范围	电价方案
第一档	基本用电	覆盖80%的居民用电量	保持稳定，不做调整
第二档	正常用电	覆盖95%的居民用电量	提价幅度不低于每度5分钱
第三档	高质量用电		每度提价3角钱
免费档		城乡低保户和五保户	每月提供10到15度免费用电量

案例解析

电价事关国计民生，属于公共定价的范畴。电价的制定涉及定价水平和定价体系。阶梯定价法综合考虑了发电企业的成本、居民的基本用电、正常用电和高质量用电需求，并充分考虑了困难群众的承受能力，不同的用电需求采用不同的电价水平，以促进电力资源的优化配置。本案例希望引导学生思考公共定价改革中如何能兼顾公平和效率。

思考题

试从公平和效率的角度分析和评价阶梯电价改革策略。

① 资料来源：发改委宣布上调电价 出居民阶梯电价方案［EB/OL］.（2011-11-30）［2020-12-01］. https://www.yicai.com/news/1239923.html.

案例22　广州市调整自来水价[①]

广州市拟调整自来水价，居民用水今后实行阶梯收费。在第一阶梯用水范围内的起步价也将上涨，分别比现行1.32元/吨的收费标准上涨7角钱和6角钱。广州市物价局以居民用水户（四口之家）为例公布了2套听证方案。

方案一：22吨以下，2.02元/吨；22吨~30吨，3.03元/吨；30吨以上，4.04元/吨。

方案二：22吨以下，1.92元/吨；22吨~30吨，2.88元/吨；30吨以上，3.84元/吨。

方案一：居民用水户的第一阶梯水价（四口之家，每月用水22吨以下）将设定为2.02元，与现行水价相比每吨上涨7角钱；非居民用水户的水价为3.42元/吨，比目前行政事业单位用水户、工业用水户、经营服务用水户水费标准都要高，甚至比目前的特种用水价格每吨还要高4分钱；而特种用水价格将来则要猛增到每吨20元！

方案二：与方案一相差不大，居民用水户及非居民用水户第一阶梯水价标准分别为每吨1.92元和3.26元，前者比现行水价涨6角钱，后者则介于现行的经营服务用水价格和特种用水价格之间。未来特种用水价格则与方案一样，维持20元/吨。

广州现行的供水价格于2006年1月1日开始执行，居民生活用水、行政事业单位用水、工业用水、经营服务业用水以及特种用水价格分别为每吨1.32元、1.61元、1.83元、2.71元和3.38元。这在全国19个副省级以上城市中是相对便宜的。

广州市物价局表示，之所以要推出自来水价格调整，一方面是落实国家有关推进阶梯水价、促进节约用水的精神；另一方面也是因为近年来，自来水生产企业受电、净水原材料等价格上涨，水资源费上调，以及必要的供水建设、改造和服务投入加大影响，供水成本不断增加，致使供水成本与水价已经出现了倒挂，长期下去将不利于供水事业的发展。

优惠政策：为减轻本次水价上调给低收入家庭带来的冲击，此次水价调价听证方案专门强调，将对低收入家庭每人每月给予7吨的优惠价用水指标，售价为每吨7角钱；超出部分则按第一阶梯水价（1.92元或2.02元）计收费用。

案例解析

本案例涉及关系国计民生的基础产业。自来水价格属于公共定价范畴，需要政府干预。如何在干预过程中既保证资源的有效配置，又能实现公平目标，是提供该类产品时主要关注的内容。广州市自来水阶梯定价方案兼顾了公平和效率，同时又有利于

① 资料来源：广州自来水调价听证两套方案价格均将上涨［EB/OL］.（2012-02-15）［2020-10-25］. https://china.huanqiu.com/article/9CaKrnJueOS.

水资源的有效利用，堪称公共定价中的典范，值得大范围推广。本案例让学生理解有效的公共政策一定要兼顾公平和效率目标。

思考题

1. 从理论上分析，政府在自来水供应中应承担什么职责？
2. 从公平和效率两方面分析广州市自来水价格调整政策的影响。

案例 23　我国多地医疗保险出现赤字[①]

根据财政部公布的数据，2016 年，全国财政医疗卫生支出 13 154 亿元，比 2015 年决算数 11 953 亿元增长 1 201 亿元，增长 10%，比全国财政支出增幅 6.8%高出 3.2 个百分点，占全国财政支出的比重从 2015 年的 6.8%提高到 7%。2017 年，政府继续将医疗卫生作为财政投入的重点领域，加大政府卫生投入力度。在投入方向上，坚持“统筹兼顾、突出重点”的原则，重点加大对基本医疗保障、公共卫生和基层医疗卫生等领域的投入，并向困难群体和贫困地区倾斜。

不过，随着医改进入攻坚期和深水区，利益格局调整更加复杂。基本医保筹资和待遇调整机制可持续性不强、医疗费用增长过快等问题仍然存在。2008 至 2015 年，我国卫生总费用从 14 535 亿元上涨到 40 975 亿元，年均增幅达 16%。与此同时，我国部分地区的医保基金出现赤字，医保制度的可持续性面临考验。

对于我国医保制度的可持续性压力，业内人士指出，究其原因，一方面来自筹资机制不够完善，筹资责任过度向单位和政府集中，政府负担比例过高；另一方面是报销比例快速提高，部分地区职工医保报销比例超过 90%。

针对这一问题，财政部有关负责人表示，今年将继续健全医保筹资和报销比例调整机制，增强制度的可持续性。一是要合理调整政府、单位和个人筹资分担比例。二是要完善个人账户，逐步开展门诊费用统筹。三是要坚持适度保障的原则，避免过度攀比发达国家保障水平，引导群众形成合理预期。同时，大力发展商业健康保险。

案例解析

医保本身并不是一种“保险”，而是一项社会福利，其本质是由政府实施的社会补贴、财富转移计划。医保作为社会福利依赖于政府持续投入，而不像商业保险那样可以自我维持。所以，政府低投入、医保广覆盖、公立医疗高质量，三者就构成了一个不可能同时满足的三角。因此，为了维持医保长期稳定，政府一方面要打压各种套取医保资金的欺诈行为，另一方面也要让医保回归“基本”的公共卫生保障体系。从我国医疗保险实践来看，报销比例越来越高，基本医疗保险赤字日益普遍，最终给用人单位和财政带来较大的成本和支出压力。本案例让学生正确认识基本医疗保险的功效，正确认识个人、用人单位和财政在其中的职责，正确认识基本医疗保险和商业保险的作用；并引导学生运用公共经济学理论解释基本医疗保险赤字产生的原因，从而为缓

① 资料来源：全面推进复合付费方式 医保支付改革上演医改“重头戏”[EB/OL].(2012-06-06)[2020-10-17]. https://www.sohu.com/a/128291447_119038.

解基本医疗保险赤字问题提供正确的政策思路。

思考题

就你所学知识，结合案例资料，分析我国医疗保险赤字产生的原因及解决思路。

案例24　一切为了人民的健康[①]

优质医疗资源“下沉”，群众在基层医疗机构就能享受到优质便捷的医疗服务。

人民健康是民族昌盛和国家富强的重要标志。从1949年到2019年，我国人口从5.4亿增长到14亿左右，人均预期寿命从35岁增长到77岁，孕产妇死亡率从1 500/10万下降到18.3/10万，婴儿死亡率从200‰下降到6.1‰，主要健康指标优于中高收入国家平均水平。

回首70余年，我国卫生健康事业走过了不平凡的历程，取得了举世瞩目的伟大成就。

——筑牢保障人民健康第一道防线，稳步提升公共卫生服务能力，努力让群众“不得病、少得病”。

——织起世界上最大的基本医疗保障网，不断增强保基本、防大病、兜底线能力，努力让群众“看得起病”。

——健全医疗卫生服务体系，不断提高质量水平，努力让群众“看得上病、看得好病”。

经过70余年的努力，我们不仅显著提高了人民健康水平，而且走出了一条符合我国国情的卫生健康改革发展道路，为全球卫生健康治理贡献了中国智慧。

案例解析

公共卫生是一种成本低、效果好的服务，但也是一种社会效益回报周期相对较长的服务。目前，各国政府在公共卫生领域都发挥着主导作用。我国目前已经建立起相对完善的公共卫生服务体系。本案例引导学生在理解公共卫生产品性质的基础上，分析政府为什么介入公共卫生领域，思考政府介入公共卫生事业的具体范围。

思考题

政府为什么介入公共卫生领域？政府介入公共卫生事业的范围有哪些？

① 资料来源：一切为了人民的健康［EB/OL］.（2019-09-15）［2020-11-20］. http://news.gmw.cn/2019-09/15/content_33158440.htm.

案例 25　美国的麻疹疫情为什么会卷土重来?[①]

2019 年，美国再次暴发了麻疹疫情。最新一期《新科学家》报道称，自 2019 年以来，美国已经出现了 626 例麻疹病例，波及范围超过 20 个州。纽约市甚至下令强制要求部分社区的居民接种麻疹疫苗，否则会面临 1 000 美元的处罚。

麻疹是一种传染性很高的疾病，能引发足以致死的并发症，对儿童来说极其危险。但问题是，科学家早就成功研制出了麻疹疫苗，还相当有效。2000 年，因为防控得好，美国甚至对外宣布麻疹病已经在美国境内彻底消失。那它又怎么会卷土重来呢? 答案居然是——很多家长拒绝给孩子接种疫苗!

一种能致命的传染病明明有疫苗，家长却偏偏不让孩子打，这是一个很奇怪的现象，背后的原因也相当复杂。多年的安稳日子让人们放松了警惕，但更重要的是，这些年，一股反疫苗的声浪愈演愈烈，很多家长陷入了“疫苗犹豫”，他们不知道该信哪一边，也迟迟不愿意给孩子接种疫苗，导致疫苗的防护网始终无法有效覆盖。

麻疹疫情的死灰复燃，或许会让家长们重新思考对待疫苗的态度。

一、美国的麻疹疫情为什么拉响警报?

这次麻疹疫情来势汹汹，大大超出了美国公共卫生部门的预期。2019 年 4 月 22 日，美国疾病控制与预防中心发布的数据显示，美国 2019 年的麻疹病例竟然已经达到了 626 例! 2014 年美国全国麻疹病例全年才只有 667 例。2019 年前四个月就已经接近了这个数字，很可能马上就能打破这个纪录。美国疾病控制与预防中心预计，按照这个态势，到 2019 年年底美国的麻疹病例恐怕会超过 1 800 例。

纽约州是 2019 年美国出现麻疹病例最多的州。4 月 9 号，纽约市长比尔·白思豪（Bill de Blasio）宣布纽约市的布鲁克林区进入紧急状态，他要求当地社区居民必须接种麻疹疫苗，否则会被处以 1 000 美元的罚款。

麻疹是一种急性的呼吸道传染病，儿童是易感人群。发病的时候，患者会持续高烧，上呼吸道发炎，皮肤上出现红色的斑丘疹——这是麻疹最显著的标志。不过最要命的是，麻疹能引发严重的并发症，比如肺炎、脑炎，而这些病是可以致死的。尤其是亚急性硬化性全脑炎，一旦得上，无药可救。

麻疹的传染性极高。数据显示，一位麻疹患者平均能传染 17 个没有抵御能力的人，而“非典”患者平均只能传染 4 个人，这么看来，麻疹的传染能力是“非典”的

---

① 资料来源：麻疹疫情为何死灰复燃? [EB/OL].（2019-05-21）[2020-11-20]. http://m.ithc.cn/article/307969.

4倍。正因为这样，麻疹和天花、鼠疫一样，被列入了人类历史上最恐怖的瘟疫。从公元7世纪到1963年，一共有两亿人被麻疹夺去了生命。我国也曾饱受麻疹之苦，1959年，我国曾经发生过全国范围内的麻疹大流行，报告发病人数大约有1 000万，死亡人数达到了30万。

世界卫生组织报告，2019年第一季度，全球麻疹病例数增加到了11.2万例，是去年同期的近4倍，除了美国之外，日本、欧洲、菲律宾、马达加斯加也都有麻疹疫情暴发的态势，不得不引起重视。

针对麻疹，科学家在20世纪60年代就研制出了有效的疫苗，被各国相继引进，效果相当显著。就拿我国来说，1965年我国开始使用麻疹疫苗之后，麻疹发病率大幅走低，美国更是在2000年宣布已经彻底消灭了麻疹。那么，麻疹疫情为什么又会卷土重来呢？答案有点不可思议：因为这些年来，很多家长不愿意给孩子接种疫苗。

二、麻疹疫苗之惑

有疫苗不打，核心原因可以归纳为四个字：疫苗犹豫。也就是说，家长对疫苗不信任，不敢轻易打疫苗。世界卫生组织在2019年的一份报告里，直接把“疫苗犹豫”列入了与艾滋病病毒并列的“全球十大健康威胁”。

而“疫苗犹豫”背后最重要的推手，就是近年来在欧美等地爆发的一场声势浩大的反疫苗运动。这些反疫苗人士不但时常举着牌子游行抗议，还在社交媒体上充当“警察”。

英国《卫报》去年报道了这么一件事：意大利排球运动员、奥运会金牌得主伊万·扎伊采夫（Ivan Zaytsev）在社交账户上贴出自己7个月大的女儿刚刚接种疫苗后的照片，刚发布没一会儿，就引来大量反疫苗人士留言激烈抨击。有人说他是拿了疫苗生产厂家的钱，有人甚至恶毒地诅咒他女儿快些生病死掉。

这就让人看不明白了，疫苗被公认为是人类历史中最伟大的发明之一，拯救了无数生命，为什么还会有这么多人反疫苗呢？主要原因有两个：一个原因是质疑疫苗的安全性，认为接种疫苗会引发儿童自闭症；还有一个原因是家长觉得强制接种疫苗这件事侵犯了公民自由。

先来说说打疫苗容易引发自闭症这个说法。别觉得这个说法荒谬，它可不是家长胡编的，它的始作俑者竟然是科学家。1998年，英国医生安德鲁·韦克菲尔德在《柳叶刀》发表的一篇文章中说，接种麻疹、腮腺炎和风疹疫苗可能引发自闭症。这可把家长们吓坏了，要知道《柳叶刀》可是权威的科学期刊，文章一发表，英美等国的疫苗接种率立即大幅下降。

随后学界发现，文章作者韦克菲尔德的研究有明显漏洞，结论是站不住脚的，《柳叶刀》随后撤下了这篇论文，韦克菲尔德本人也被英国吊销了行医资格。可是，他造成的影响已经无法挽回，打疫苗会导致自闭症这个错误的结论就像病毒一样，在公众意识中牢牢扎了根，也成了反疫苗人士至今仍然紧紧攥在手中的所谓“科学证据”。

随着反疫苗运动声势壮大，政客和民粹主义者也从中找到了可利用的价值，时任美国总统特朗普 2012 年发推特说：“自闭症十年来大幅上涨的原因就是接种疫苗，奥巴马政府为什么还在袖手旁观?”

在政客们别有用心的推波助澜下，再加上社交媒体可以实现信息零成本广泛传播，反疫苗运动引发的信任危机变得愈发不可收拾，许多家长出于对政府与制药公司的不信任，拒绝为子女接种麻疹疫苗。

被认为“侵犯公民自由”是另一个重要原因。有人是因为宗教信仰而反对打疫苗，有些人就是单纯觉得，打不打疫苗是个人自由，政府无权强制接种。在这种思潮的影响下，如今美国大部分州都允许人们基于宗教信仰不接种疫苗，还有 18 个州允许“非医学理由豁免接种”，也就是说，人们可以基于个人观念等，不给孩子打疫苗。

这种做法似乎是保护了人权，可后果就是美国麻疹疫苗接种率不断下降。美国疾控中心的数据显示，从 2001 年到 2015 年，美国未接种疫苗的儿童的数量翻了 4 倍。本来已经完善的防护网络，就这样被撕开了一个明显的缺口，让沉寂了近 20 年的麻疹病毒，最终找到了卷土重来的机会。

案例解析

这次美国麻疹疫情暴发背后的真正原因——并不是病毒太厉害，也不是缺乏有效的防护手段，而是人们在观念上起了冲突。接种疫苗，已经不仅仅是医学层面的问题了，而是成了掺杂着伪科学、民粹主义、政客煽动、人权、宗教信仰等多种因素的复杂社会问题。

为了应对这次危机，纽约市长宣布纽约市的布鲁克林区进入紧急状态，他要求当地社区居民必须接种麻疹疫苗，否则会被处以 1 000 美元的罚款。而政府也应当反思，除了强制接种，怎么做才能真正让疫苗的安全性被家长们看得见，唯有如此，才能真正消除他们的犹豫，打消他们为孩子接种疫苗的顾虑。

本案例的目的是解释政府在公共卫生上的责任和义务。公共卫生是具有很强外部性的纯公共物品。这些产品和服务具有受益的普遍性，很难排他，导致了私人供给不足乃至不供给。政府全面介入这些项目不会造成对私人供给的替代。因此，提供公共卫生服务是政府公共卫生支出的主要项目。

思考题

1. 假如你是陷入“疫苗犹豫”的家长，你觉得政府和疫苗生产商必须做到什么程度，才会让你放心给孩子打疫苗？

2. 美国大部分州都允许人们基于宗教信仰不接种疫苗，还有 18 个州允许“非医学理由豁免接种”，你认为这样做正确吗？理由是什么？

案例 26　经合组织《2018 教育概览》报告①

教育是人人都关心的大问题，经合组织在 2018 年 9 月发表了《2018 教育概览》报告。这份报告涵盖了 35 个经合组织成员国以及伙伴国家，中国也作为伙伴国家参与了这份报告的数据调查。

经合组织从 2001 年开始，每年 9 月都要发布这个教育报告。2018 年的报告被翻译为 24 种语言，基本涵盖了全球的各大主要国家。

在回顾和分析了过去十多年的数据后，报告得出了一个总体结论，这个结论可以用一个好消息和一个坏消息来概括：好消息是，过去的十年间，人们的受教育程度显著提高；坏消息是，教育不平等的现象仍然存在，并且这种不平等的程度会随着人们的一生逐渐积累和扩大。

这种不平等最先表现在教育领域，随后表现在劳动力市场上，而导致不平等的主要因素有三个：第一个是人们的社会经济地位差异，第二个是性别差异，第三个是国际移民的身份因素。

一、为什么说人们的受教育程度显著提高?

通过对经合组织 35 个成员国及伙伴国的长期调查和分析，《2018 教育概览》得出了一个结论：过去十年间，人们的受教育程度显著提高。具体表现是，高学历人口的比例在大幅上升。

在经合组织成员国里，以 25 到 34 岁这个年龄段的群体来说，高中学历以下的人口比例在下降，从 2007 年的平均 20%，下降到了 2017 年的平均 15%。报告说，在过去，高中学历还能带来就业优势，现如今，这个学历已经成了进入社会的最低要求了，而在经合组织成员国里，接受高等教育的人群比例在过去十年里上升了 10%，从 34%增长到了 44%。

二、是什么导致了如今的教育不平等?

2018 年报告的关键词是“教育平等”（equity in education），就像上面说过的总体结论，造成教育不平等主要有三大因素，最大的因素就是社会经济地位，出生在贫困家庭的孩子，他们接受高等教育的机会更少；第二大因素是性别差异；第三大因素是国际移民因素。

---

① 资料来源：《2018 教育概览》如何分析教育不平等现状［EB/OL］.（2018-10-02）［2020-11-20］. https://www.dedao.cn/article/dA5eO3NDrGk8KPy8qV2oxp9MRBzQPy.

其实就算不看报告，我们也知道，家庭社会经济地位会对一个人的教育和就业产生巨大的影响。但这份报告提出了一个更具体的问题——想要实现阶级流动、改变命运，到底需要多久？

报告指出，在经合组织成员国和伙伴国里，一个家庭想要从低收入线爬到平均线，平均需要4到5代的时间才能完成。这说明了什么呢？说明阶级流动的时间越来越长，说白了，就是穷人想“翻身”，难度越来越高。

为什么会这样？报告解释说，科学技术的变革和自动化的普及，取代了很多简单工种，原来那些在流水线上做重复工作的低技能工人，在市场上越来越难找到工作了，就算找到了工作，收入也不高。

报告指出，一个只有高中学历的人，收入最多也就是一个接受过高等教育的人的65%。这就造成了恶性循环——贫困家庭的孩子受教育的机会少，学历不高，学历不高就找不到工作，就算找到工作，收入也不高，也就难给自己的孩子提供良好的教育。

从性别机制来说，男性和女性在教育、就业上也有明显的差异。总的来说，女性的受教育程度比男性更高，但在就业上却处于劣势。

报告说，在经合组织成员国里面，完成高中学业的女性数量是要多于男性的，在过去十年里，接受高等教育的男性，比例也不如女性。以2017年的数据来看，在经合组织成员国25到34岁这个年龄段的人群里，也就是出生在1985年到1993年左右的这个群体里，有38%的男性接受了高等教育，而女性的比例达到了50%。这一点，包括中国在内的伙伴国的数据显示的趋势也是一致的，只是差距没这么大。

但是在劳动力市场上，女性就明显比男性弱势了。在经合组织成员国里，接受了高等教育的男性，要比女性更容易找到工作。从比例上看，80%受过高等教育的女性都能找到工作，但这个比例在男性中可以达到89%。

性别差距在收入上体现得更加明显，比如，接受过同等教育程度的女性，在同一个工作岗位上，要比男性少挣26%，也就是说，同一份工作，男性能挣10 000元，女性就只能挣7 400元。在职场上，女性的透明天花板确实是存在的。用这份报告的话来说，就是性别平等已经取得了一些进展，但是，不公平的情况仍然存在。

另外，报告还谈到了国际移民因素的影响，这一点报告给出的结论和分析跟我们平时看到的新闻报道差不多，即有移民背景的人获得教育的机会更少，就业率比本国人民更低。

总体来看，《2018教育概览》认为，教育在公平性上还是取得了进步的，但是，不平等的趋势仍然存在，那么，对于弱势群体，比如说贫困家庭，经合组织提出了哪些帮助和改善的建议呢？

三、经合组织提出的建议

经合组织对如何帮助弱势群体获得更公平的教育资源，提出了四大建议。

第一个建议是针对可能留级的学生，要早发现，早预防。报告说，学校应该先采取预防措施，而不是等他们在期末考试中表现不好的时候，再让他们留级。因为留级的本意，是让那些跟不上学校课业的孩子，重新学一次，能够跟上进度。但是经合组织调查分析发现，留级并不能达到这个目的，想要让学生跟上学业进度，最好的方式是尽早干预。

第二个建议是为儿童提供便宜又高质量的早期教育。这不仅能给孩子一个更好的起点，更是给母亲赋能，给她们更多的空间，使她们进入社会发展自己的事业。

第三个建议是为弱势群体提供资金和资源上的帮助。比如说对于残疾人或者贫困家庭出身的孩子，可以针对他们设立专门的教育基金和教育资源，如提供学费减免的福利。

第四个建议是帮助少数群体进入主流教育体系。很多少数群体，如移民，都只能在教授他们种族文化的学校学习，局限性很大，而进入主流教育的好处是，他们可以接触更丰富的教育资源，未来也会有更多的就业机会。

案例解析

通过经合组织的《2018 教育概览》，我们了解了近十年来教育的现状和趋势，尽管教育在平等性上已经取得了进步，但家庭经济地位、性别等因素，对教育和就业仍然存在巨大的影响，这一点依旧没有改变。想要实现阶层的跨越，需要更长的时间，难度也越来越大。教育公平是机会公平的重要表现。本案例促使学生思考政府在教育支出方面的职责，以及从教育公平的角度考虑我国教育支出的政策优化思路。

思考题

你认为我国政府在教育支出上还应该进行哪些改革来增加教育公平程度？

案例 27　美国教育券 20 多年争议未断①

1990 年，美国威斯康星州密尔沃基市率先实施教育券项目，符合资格的学生可领取政府发放的教育券，然后到私立学校读书。20 多年来，美国推行教育券的州已经扩大到了 12 个，外加首都华盛顿特区。然而，围绕教育券制度是否保障了受教育者的选择权，能否促进教育公平、改善公立教育，美国社会各界仍然存在着激烈的争论。

一、面向弱势群体

根据学生家庭收入情况，美国公立中、小学分成三类，其中领取免费或廉价午餐的贫困学生超过 50%的学校，属于第一类。这类学校的平均成绩和毕业率一般较低，残障、智障、学习困难生，也往往集中在此类学校。

“在美国，绝大多数教育论文都以提高第一类学校的教学质量和毕业率为目标。20 世纪五六十年代，美国出现的教育券理论便是为了解决这类学校的问题。”美国加州州立大学长滩分校教育专家吴仲和表示，美国教育券的发放对象，主要是身体或智力有缺陷学生及英语程度不足的学习困难生等。这些学生无法在普通公立学校接受适宜的教育，不得不选择更具针对性的私立学校。

在有的州，教育券也直接面向低收入群体，这是为了让低收入家庭的孩子享受比公立教育水平更高的私立教育，弥补他们家庭起点的不足。从实践来看，美国各州从没有向全体学生普遍发放教育券的计划。

二、各州规定不同

美国非政府组织“州议会联合会”的资料显示，截至 2012 至 2013 学年，美国只有亚利桑那、佛罗里达、佐治亚、印第安纳、路易斯安那、缅因、密西西比、俄亥俄、俄克拉荷马、犹他、佛蒙特和威斯康星 12 个州，以及首都华盛顿实施教育券项目，其中威斯康星州的教育券只在密尔沃基和拉辛两个城市实施。

不同的教育券项目，具体实施细则颇为不同。

1. 帮助残障学生和学习困难生。在亚利桑那州，只要是残障学生，便有权领取教育券。俄克拉荷马、犹他和佐治亚州规定，残障学生中需要接受单独教学计划的学习困难生，才可领取教育券。在俄亥俄州，被诊断为孤独症的学生，或者需要接受单独教学计划的学习困难生，都是教育券的发放对象。在佛罗里达州，有残疾，或者需要

---

① 资料来源：美国教育券 20 多年争议未断［EB/OL］.（2013-08-11）［2020-09-25］. http://theory.people.com.cn/n/2013/0811/c40531-22519933.html.

接受单独教学计划的学生，都可领取教育券。密西西比州将领取教育券的范围，设定为一至六年级确诊为阅读障碍的学生。路易斯安那州规定，幼儿园至八年级学生中，需要接受单独教育计划的残疾学生，并居住在特定教区内，可以领取教育券。

2. 资助低收入学生。威斯康星州、路易斯安那州和华盛顿特区分别规定，学生家庭收入在美国联邦政府规定的贫困线 3 倍、2 倍和 1.85 倍以内时，可以领取教育券。印第安纳州规定，学生家庭收入在领取该州免费或廉价学生午餐的家庭收入标准 1.5 倍以内时，可以领取教育券。

3. 面向得不到公立教育保障的学生。缅因州规定，学生居住的地区没有公立学校时，可以领取教育券。佛蒙特州规定，只有居住在没有公立学校的地区，并且该地区选民同意使用公立资金支付私立学校学费的情况下，才能领取教育券。路易斯安那州规定，公立学校在教学质量等级（最高为 A）评定中被评为 C 级或以下的，该校学生可以领取教育券。亚利桑那州规定，学生入读的公立学校在登记评定中被评为 D 级或不及格的，有权领取教育券。

三、效果难下定论

在大多数情况下，达到标准的学生均可获得教育券，但也有一些州设定了名额限制。比如，印第安纳州规定，每学年最多只有 1.5 万名学生可以领取教育券。

教育券制度问世 20 多年来，没有令人信服的证据表明这一制度达到了预期效果，但也无法证明它没有效果。与公立学校不同，大多数私立学校每年并不参加政府组织的教学质量测试，因此学券生在数学、阅读能力等教学关键指标上是否持续进步，无法进行准确判断。

威斯康星州密尔沃基市的教育券项目从 1990 年开始实施，从未中断，是美国迄今为止最具实践经验的教育券项目。美国明尼苏达大学的研究人员约翰·罗伯特·沃伦对该市教育券项目实施情况进行调查后发现，2003 年至 2009 年，领取教育券后在私立学校就读的学券生，高中毕业率在 7 个学年中有 6 个学年高于公立生。

不过，沃伦本人认为，并非符合标准的家长都愿意领取教育券，把孩子送入私立学校，而学券生的家庭往往更加重视子女教育，教育券在其中扮演的角色可能并非十分关键。

四、反对声音强大

在美国，反对教育券制度的声音十分强大，这也是大多数州没有推行教育券制度的原因。

首先，只有极少数学生享受到教育券，教师工会和许多学生家长质疑，这实际上削减了公立学校预算，影响到大多数学生的教育品质。同时，用教育券补贴私立学校，等于将公共资金用于营利活动，有失公平公正。

其次，有的私立学校70%至90%的学生都是学券生，这些依赖教育券生存的私立学校，往往存在着严重的管理问题。比如，威斯康星州便发生过私立学校校长用教育券换得的教育经费购买豪车；而首都华盛顿有多所私立学校教学设施落后、学习环境糟糕。

最后，美国一些私立学校属于教会所有，对教会学校的资助违反了美国宪法“政教分离”的原则。

目前，实行教育券制度的地区，都对接收学券生的私立学校资格做了规定。比如，缅因州规定，只有非宗教学校才能接受学券生，而如果一家私立学校的学券生比例达到60%，该校必须参加全州学校教学质量评估。

案例解析

教育公平是机会公平的重要体现。1955年，芝加哥货币经济学派代表人物弗里德曼在《政府在教育中的作用》一文中首次提出了教育券理论。认为政府应该改变对公立学校直接给予补助的教育投入方式，改为向学生家庭直接发放教育券。学生凭券自主选择任何一所政府认可的学校，学校持券到政府领取办学经费。美国社会学家詹克斯主张只给低收入或者特殊需要的家庭以特殊的补助，或者给予第二张补偿性的教育券。加利福尼亚大学教授库恩和苏格曼认为应该根据不同的家庭状况发放不同面额的教育券，以使经济资源得到较公平的分配。第一种是“无排富”的建议，后两种是“排富性”的建议。实践中美国各州采取的具体措施不同，之所以如此，这其中包含着他们对公平的不同理解，也包含着各种政治、宗教影响因素。本案例希望引导学生思考政府教育支出如何安排才能在促进教育机会公平的同时提高教育质量。

思考题

从公共经济学的视角，从公平和效率的角度评判美国的教育券计划。

案例 28　浙江省长兴县"教育券计划"[①]

教育券是诺贝尔奖获得者、美国新自由主义经济学家米尔顿·弗里德曼于 1955 年提出的教育经费改革设想。其基本思路是：将教育经费以支票凭证形式直接发放给家长，家长持具有货币价值的教育券为其子女自由选择政府认可的学校，不足部分由家长自付；学校持通过竞争所得的教育券向政府兑现办学经费；政府负责审查学校办学资格，确保其具有基本的办学水准。教育券适用范围很广并有许多变通方法可供选择。按发放主体可分为政府、私人和社会团体三种凭证，按政策导向可分为效率型、公平型和公平效率兼顾型三种凭证。效率型教育券即给每位学生发放等额的教育券，目前在英国、澳大利亚和俄罗斯等国实践。公平型教育券，各地具体做法不同，瑞典、加拿大、日本等国家按学生家庭状况不同发放不等额的教育证券。教育券作为近 20 年来世界基础教育市场化改革的一种措施，正在许多国家付诸实践并取得了初步成效。

浙江省长兴县教育局在美国考察后，提出了他们的教育券计划。2002 年下半年，长兴县出台《贫困学生助学互助会经费补助实施细则》。当年秋季，全县小学阶段的贫困学生每学期可获得 200 元的教育券，初中阶段的贫困生每学期可获得 300 元的教育券。2003 年春天，全县其他 200 多名贫困生和张连伟一样，带着教育券到学校报到。直接的补贴，透明的教育福利，教育券看起来与政府的贫困补助没什么两样。在教育券运作链上的人，都有着不同寻常的感受。张连伟的父亲看到的是实实在在的教育福利。界岭中心学校校长戴敦华看到的是政府教育福利投入渠道的改变，即教育福利可以通过直接作用于学生的方式来明确体现，而非像往常那样，以学校为中介，通过学校的投入迂回作用于学生。长兴县教育局局长熊全龙看到的则是政府对教育投入的效率提高了：保证这笔钱不被家长挪作他用，而是用于孩子的教育支出；促进学校对学生的服务意识的提升，因为要赢得教育券，首先要赢得学生的认可。社会捐助者看到的是捐助资金的有效使用。部分教育券来自社会捐助，这类教育券上均盖有捐助单位或捐助人的印章，社会捐助资金的流向和使用效果都很透明。

长兴县教育局最初是为扶持民办、职业学校而试行教育券，并非为了扶贫。"当时，长兴的民办教育是薄弱环节，刚刚起步，规模小，整体水平也不高。义务教育本身就是政府的职能，如果民办学校有意投资义务教育，政府理应给予支持。同时，职业教育的发展也不尽如人意，学生少，政府投入心有余而力不足。"熊全龙说。

2001 年 9 月，长兴县教育局面向职业学校和民办学校开始试点教育券。当年新学

① 资料来源：长兴教育券透视［EB/OL］.（2003-03-21）［2020-10-25］. http://news.sina.com.cn/c/2003-03-21/103877117s.shtml.

期伊始，所有到民办湖州清泉武术学校就读小学、初中的该县学生，都获得了面额为500元的教育券。而该县所有就读职高的初中毕业生，则获得了300元的教育券。当年，长兴县发放教育券65万元，获得教育券的学生有1 800多人，其中民办学校学生有26人。教育券只占7‰的教育经费，作用却不可小觑。熊全龙说，教育券制度试行两年多来，长兴县的职业教育招生形势有了较大改观，普通教育和职业教育得到了协调发展。统计资料显示，职业教育和普通教育招生比例，2000年仅为0.73∶1，2001年、2002年均达到了1∶1。同时，一些民间资本纷纷看好长兴县民办学校的发展环境。两年来，有3亿多元民间资本涌入长兴投资办学。

在一份调查报告中，长兴县教育局设想用分两步走的方式来完成该县在高中阶段全面实施教育券制度的目标。第一步，从2004年9月起到2005年7月，在高中阶段试行发放教育券；第二步，从2005年9月起，在高中阶段全面实施按学生人均培养成本核算拨给教育经费的教育券制度，实行高中教育经费拨款机制的重大改革。但是，熊全龙也承认，教育券制度不能单兵突进。“由于受目前财政拨款机制、人事管理体制、分配制度、高中教育资源不均衡等因素的制约，在教育券实施过程中，不可避免要遭遇一系列问题。”比如，由于校际基础设施、办学水平、教育质量、师资力量等方面存在明显差距，统一发放教育券后，可能会造成两极分化；教师分配制度将被彻底打破；教育人事管理制度也将面临新的挑战。“这将是个渐进的改革过程。”熊全龙说。

长兴县教育券计划实现了如下创新：

1. 从实践目的上看。长兴县教育券制度是针对本县民办学校薄弱、普职比例失调和贫困学生失学三个方面的现实问题提出来的，旨在促进民间资金对教育的投入，推动职业教育发展和扶助贫困学生就学，从而促进整个教育的全面协调发展。

2. 从实践模式上看。长兴县教育券的实践更倾向于采用以詹克斯为代表的社会政策模式，即“排富性”模式，体现了“生产者主权”“公平优先”和“结果平等”的观念。

3. 从投资方式上看。长兴县采用的是部分教育券形式，其主体教育拨款还是流向了公办学校，教育券发放的范围仅仅局限于民办学校中的义务教育段学生、初中毕业生就读于职高的少数学生和义务教育阶段的贫困学生。

4. 从效能发挥上看。长兴教育券注重发挥政府的主导作用和宏观调控作用，把教育券变成了政府调整教育结构、调节社会公平的有效工具，对促进教育公平、吸引教育投资、促进教育协调发展起到了积极的推动作用，有效开创了教育经费拨款体制改革的新尝试，体现了公共教育管理的新理念，开辟了政府扶持弱势群体的新途径。

案例解析

教育支出的公平和效率问题是我们一直关注的问题，弗里德曼给出了思路，浙江省长兴县结合当地实际进行了实验。实验结果达到了期望目标。本案例资料希望结合长兴县的实验进一步引导学生从公平和效率两个角度思考财政教育支出问题，同时思考弗里德曼的理论与长兴县的实验的不同之处。

思考题

1. 结合案例资料，试从公平和效率两个角度分析教育券计划如何实现教育机会公平（学生、学校）和提高财政教育支出效率两方面的目标。该方法能否在全国推广？

2. 试分析弗里德曼的理论与长兴县的实验的不同之处及其原因解析。

案例 29 刘晏的经济情报网

作为我国历史上著名的理财家，唐中期刘晏进行了财政体制改革，建立了覆盖全国的经济情报网。他在诸道置设巡院官，管理诸巡院，诸巡院收集本道各州县雨雪多少、庄稼好坏的情况。每旬、每月都申报转运使司，刘晏所在处又招募善走的人，搜集申报各地物价。刘晏以此及时准确地掌握了全国经济和市场动态，并根据这些情报，调剂有无，平抑物价，扶持生产，积极救灾。

案例解析

农业是国民经济的基础，稳定农业是稳定一国社会经济的基础。农产品市场作为典型的蛛网市场，产品的价格处于不断波动之中。目前，我国财政支农支出规模越来越大，投入的范围也涵盖了“三农”的方方面面。如何稳定农业、稳定农产品价格、降低农业经营风险，一千多年前刘晏借助经济情报网所采取的措施给我们提供了很好的思路。本案例引导学生思考财政支农的理论依据及财政支农的重点。

思考题

结合案例资料和现实，分析财政支农的重点。

案例30　今年夏粮怎么卖 国家给出指导价①

2018年5月19日，国家发改委等6部门发布了《小麦和稻谷最低收购价执行预案》（以下简称《预案》）。目前，夏粮已陆续开镰，2018年5月30日中储粮集团公司就夏粮收购工作中与农民切身利益息息相关的政策新变化进行了介绍，今年小麦预案执行时间从6月1日开始，为推进粮食收储制度改革、激活市场要素主体，今年最低收购价政策执行期适当延后，对各品种小麦和稻谷最低收购价下调；为引导农户更加重视粮食质量，今年最低收购价粮食收购质量等级标准提高，必须是当年生产，达到国家一、二、三等粮标准的粮食；同时要求收购资金直接支付给售粮者，严厉查处各类坑农害农行为，农民在售粮过程中遇到侵权，可以向国家有关部门和相关单位举报。

最低收购价政策执行时间适当延后，农民可以自主选择售粮时机，不必急于集中售粮。2018年小麦政策执行时间延后了11天，调整为6月1日—9月30日；早籼稻政策执行时间延后了16天，调整为8月1日—9月30日；中晚籼稻政策执行时间延后了24天，调整为10月10日—次年1月31日；粳稻政策执行时间延后了22天，调整为11月1日—次年2月末。

中储粮相关负责人说，新粮上市初期，市场较为活跃，多元主体入市收购积极，适当延后政策执行时间，可以为市场化收购腾出空间，有利于市场机制发挥作用，形成价格。虽然政策执行时间有所延后，但在政策执行期内，农民可以自主选择售粮时机，不必急于集中售粮。

最低收购价政策的启动和停止将随着市场收购的变化而及时做出调整，市场价格"持续3天"低于国家最低价就可以申请启动，农民可从收购库点或中储粮官网查询相关信息。

为进一步激活市场要素主体，各品种最低收购价格略有下调，为弥补农民收入损失，国家将配套建立生产者补贴机制。

《预案》规定："最低收购价是指承担最低收购价收购任务的收储库点向农民直接收购三等标准品粮食的到库价。"2017年10月，国家相关部门公布了2018年小麦最低收购价为1.15元/斤（1斤=500克，下同），比2017年下调0.03元/斤；2018年2月，国家相关部门公布了2018年早籼稻、中晚籼稻和粳稻最低收购价格分别为1.20元/斤、1.26元/斤和1.30元/斤，分别比2017年下调了0.10元/斤、0.10元/斤和0.20元/斤。针对价格下调可能影响种粮农民收益，国家将配套建立生产者补贴机制，弥补农民因

① 资料来源：今年夏粮怎么卖 国家给出2018年小麦指导价格［EB/OL］.（2018-06-05）［2020-08-24］. http://www.6605288.com/jjsn/20185048.html.

价格下调带来的收入损失。

最低收购价粮食收购质量等级标准提高，要求收购的是当年生产的国家标准一、二、三等粮，等外粮食由地方政府组织收购处置。

与往年不同，2018 年《预案》规定最低收购价收购的小麦、稻谷应为当年生产且符合“三等及以上”国家标准，即达到一等、二等、三等粮标准的粮食。往年最低收购价政策可以收四等、五等粮，2018 年最低收购价不再收了，而是由地方政府组织引导实行市场化收购。

最近，小麦和稻谷主产区受前期低温、后期阴雨天气影响，部分粮食不完善粒超标，质量标准可能达不到国标三等及以上。2018 年《预案》对食品安全指标做出更加明确的规定：“因自然灾害或其他原因造成不符合质量标准或食品安全指标的小麦和稻谷，由各地按照粮食省长责任制和食品安全地方政府负责制的要求组织收购处置。”最低收购价政策明确，不放宽粮食收购质量标准，在公布的最低收购价收储库点，都有样品和质价政策说明。经整理还不能达标的粮食，按照《预案》规定由地方政府组织收购处置。

2018 年政策明确了不再由收储库点代为支付粮款，而是由中储粮直属企业直接支付粮款给售粮者。中储粮方面表示，农民在售粮过程中权益被侵害，可以向国家相关部门和相关单位举报。

案例解析

农产品市场是典型的蛛网市场，粮食最低收购价是促进粮食市场均衡采取的政策手段之一，也是为保护农民利益、保障粮食市场供应实施的粮食价格调控政策。在市场经济条件下，应该充分发挥市场的决定性配置作用，但是出现“市场失灵”时，政府应当在尽量不损害市场机制作用的前提下，出台包括最低收购价、财政补贴等在内的干预政策。本案例一方面希望学生了解国家干预农产品市场的政策手段；另一方面，也促使学生思考国家干预农产品价格的原因以及粮食最低收购价政策的政策效果。

思考题

结合蛛网理论分析政府采用粮食最低收购价政策的理由。

案例31　2019年中央一号文件[①]

《中共中央 国务院关于坚持农业农村优先发展做好“三农”工作的若干意见》全文共分8个部分，包括：聚力精准施策，决战决胜脱贫攻坚；夯实农业基础，保障重要农产品有效供给；扎实推进乡村建设，加快补齐农村人居环境和公共服务短板；发展壮大乡村产业，拓宽农民增收渠道；全面深化农村改革，激发乡村发展活力；完善乡村治理机制，保持农村社会和谐稳定；发挥农村党支部战斗堡垒作用，全面加强农村基层组织建设；加强党对“三农”工作的领导，落实农业农村优先发展总方针。

文件指出，2018年和2019年是全面建成小康社会的决胜期，“三农”领域有不少必须完成的硬任务，必须坚持把解决好“三农”问题作为全党工作重中之重不动摇，进一步统一思想、坚定信心、落实工作，巩固发展农业农村好形势，发挥“三农”压舱石作用，为有效应对各种风险挑战赢得主动，为确保经济持续健康发展和社会大局稳定、如期实现第一个百年奋斗目标奠定基础。

文件强调，牢固树立农业农村优先发展政策导向，优先考虑“三农”干部配备，把优秀干部充实到“三农”战线，把精锐力量充实到基层一线；优先满足“三农”发展要素配置，坚决破除妨碍城乡要素自由流动、平等交换的体制机制壁垒，推动资源要素向农村流动；优先保障“三农”资金投入，坚持把农业农村作为财政优先保障领域和金融优先服务领域，公共财政更大力度向“三农”倾斜；优先安排农村公共服务，推进城乡基本公共服务标准统一、制度并轨。

中央农村工作领导小组办公室有关负责人说，农业农村优先发展要求能否落到实处，直接关系到农村工作硬任务能否按期完成，农业农村现代化目标能否实现。各级党委和政府必须把落实农业农村优先发展的要求作为做好“三农”工作的头等大事，改变“三农”工作“说起来重要、干起来次要、忙起来不要”的现象，在干部配备、要素配置、资金投入、公共服务等方面切实把“优先”体现出来，动真格、见真章。

在全面深化农村改革方面，文件提出，要完善农业支持保护制度。按照增加总量、优化存量、提高效能的原则，强化高质量绿色发展导向，加快构建新型农业补贴政策体系。按照适应世贸组织规则、保护农民利益、支持农业发展的原则，抓紧研究制定完善农业支持保护政策。调整改进“黄箱”政策，扩大“绿箱”政策使用范围。按照更好发挥市场机制作用取向，完善稻谷和小麦最低收购价政策。完善玉米和大豆生产者补贴政策。健全农业信贷担保费率补助和以奖代补机制，研究制定担保机构业务考

① 资料来源：2019年中央一号文件公布 提出坚持农业农村优先发展总方针［EB/OL］.（2019-02-19）［2020-11-20］. http://www.xinhuanet.com/politics/2019-02/19/c_1124136655.htm.

核的具体办法，加快做大担保规模。按照扩面增品提标的要求，完善农业保险政策。推进稻谷、小麦、玉米完全成本保险和收入保险试点。扩大农业大灾保险试点和“保险+期货”试点。探索对地方优势特色农产品保险实施以奖代补试点。打通金融服务“三农”各个环节，建立县域银行业金融机构服务“三农”的激励约束机制，实现普惠性涉农贷款增速总体高于各项贷款平均增速。推动农村商业银行、农村合作银行、农村信用社逐步回归本源，为本地“三农”服务。研究制定商业银行“三农”事业部绩效考核和激励的具体办法。用好差别化准备金率和差异化监管等政策，切实降低“三农”信贷担保服务门槛，鼓励银行业金融机构加大对乡村振兴和脱贫攻坚中长期信贷支持力度。支持重点领域特色农产品期货期权品种上市。

案例解析

自 1982 年到 2020 年，我国中央一号文件都有涉及三农问题，这充分体现了党中央对农业、农村、农民问题的高度关注和重视。本案例主要引导学生思考财政为什么必须介入“三农”，并进一步对目前我国财政支农政策手段及方向展开思考，分析优化财政支农的思路和举措。

思考题

财政必须介入“三农”的理由是什么？文件提出要完善农业支持保护制度的理由是什么？

案例 32　2020 年中央一号文件公布提出两大重点任务[①]

《中共中央 国务院关于抓好“三农”领域重点工作确保如期实现全面小康的意见》全文共 5 个部分，包括：坚决打赢脱贫攻坚战；对标全面建成小康社会加快补上农村基础设施和公共服务短板；保障重要农产品有效供给和促进农民持续增收；加强农村基层治理；强化农村补短板保障措施。

文件指出，2020 年是全面建成小康社会目标实现之年，是全面打赢脱贫攻坚战收官之年。党中央认为，完成上述两大目标任务，脱贫攻坚最后堡垒必须攻克，全面小康“三农”领域突出短板必须补上。

文件确定，对标对表全面建成小康社会目标，强化举措、狠抓落实，集中力量完成打赢脱贫攻坚战和补上全面小康“三农”领域突出短板两大重点任务，持续抓好农业稳产保供和农民增收，推进农业高质量发展，保持农村社会和谐稳定，提升农民群众获得感、幸福感、安全感，确保脱贫攻坚战圆满收官，确保农村同步全面建成小康社会。

中央农村工作领导小组办公室有关负责人表示，完成这两大目标任务，脱贫攻坚还有一些最后的堡垒必须攻克，全面小康“三农”领域还有一些突出短板必须补上。面对国内外风险挑战明显上升、经济下行压力加大的复杂局面，稳住农业基本盘、发挥“三农”压舱石作用至关重要，政策措施必须逐项抓好落实，确保如期完成任务。

案例解析

农业财政投资是指财政用于扶持、发展农业方面的支出。农业是国民经济的基础，也是财政投资的重点。农业发展与财政有着十分密切的关系。一方面，农业是国民经济的基础，自然也是财政的基础；另一方面，对农业的财力支持是政府和财政的一项基本职责。通常认为，要使农业部门和农户自身的积累成为农业投入的主要资金来源，必须具备两个条件：其一，农产品的销售收入必须高于农业生产的投入成本；其二，农业投资的收益率必须高于、至少不低于全社会平均的投资收益率。在我国目前的价格体系和 GDP 分配格局下，上述两个条件都很难得到满足。这种情况下没有财政的大力支持，农业部门无法获得发展。本案例引导学生思考我国财政支农的重点，以及未来我国农业的发展方向。

① 资料来源：2020 年中央一号文件公布 提出两大重点任务 [EB/OL].（2020-02-05）[2020-10-15]. http://www.xinhuanet.com/politics/zywj/2020-02/05/c_1125534973.htm.

思考题

我国政府为什么要重视对农业的投入？通常政府对农业的财政支持有哪些举措？

案例33　农业农村部部长韩长赋谈春季农业生产：为小康之年农业丰收打牢基础[①②]

习近平总书记2020年2月对全国春季农业生产工作做出重要指示强调："越是面对风险挑战，越要稳住农业，越要确保粮食和重要副食品安全。"疫情防控处在关键时期，更要抓好春季农业生产任务。

农业农村部部长韩长赋说："小康之年，搞好春耕生产，夺取农业丰收，巩固农业农村发展好势头，对于保持经济社会大局稳定具有重要意义。我们要深入贯彻落实习近平总书记重要指示精神，在严格落实分区分级差异化防控措施的同时，不失时机抓好春季农业生产，做到'两手抓''两不误'。"

惊蛰将到，春耕备耕正从南到北陆续展开，农时不等人。韩长赋说，春播粮食面积占全年粮食面积的一半，事关两季收成，要迅速行动起来，抓紧做好备春耕工作，做到应农时、抢春播，赢得全年粮食丰收的主动权。

一方面，政策组合拳要不断发力，厚植丰收主动权的优势。要跟进落实稻谷小麦扶持政策，坚持投入不减，劲头不松，调动农民生产积极性，抢抓春播前关键时节，加快高标准农田建设，努力稳面积提产能。2020年结构调整不再减少粮食面积，玉米要稳定，轮作休耕试点将做适当调整，粮改饲主要支持北方农牧交错带。

另一方面，要针对当前存在的问题，制定具有针对性的政策措施，为春耕保驾护航。疫情当前，要推动种子、化肥、农药农资生产企业加快复工复产，经营门店尽快开业，建立点对点保供运输"绿色通道"，确保农资春耕前能到店到村。还要搞好农机调配检修，组织好跨区作业，制定农机跨区作业方案和应急预案，保障农机顺利上路下田。

案例解析

粮食安全（食物安全）指保证任何人在任何时候能买得到又能买得起维持生存和健康所必需的足够食品。农产品市场是典型的蛛网市场，稳定农产品价格和农产品供应，事关社会政治经济稳定和持续健康发展，是国家的头等大事。本案例，一方面，让学生理解农产品市场的特征；另一方面，让学生明确财政支持农业以及稳定农产品价格等举措的现实意义。

思考题

请分析农业的重要性。你认为政府应采取哪些措施稳定农产品市场？

① 资料来源：农业农村部部长韩长赋谈春季农业生产：为小康之年农业丰收打牢基础［EB/OL］.（2020-03-03）［2020-11-15］. https://baijiahao.baidu.com/s? id=1660110006773335294&wfr=spider&for=pc.

② 现农业农村部部长为唐仁健——编者注。

案例34　粮食保障战：保供给，保耕地，保环境，保人才①

2013年5月末，从河南南阳开始，40多万台“铁麦客”（小麦联合收割机）轰隆隆地上路，一路向北开进，直至黑龙江的三江平原，大兵团作战进行粮食收割。每年如此，一直持续到8月。

指挥“作战”的是中国农民，他们创造了中国自2004年开始的粮食产量九连增。1978—2012年，中国的粮食产量从3.05亿吨增加到5.9亿吨，增长了93%。若无意外，十连增或将在2013年实现。“这在历史上是从来没有过的。我们的粮食年产量稳定在了1.1万亿斤以上，中国在生产能力的增长上是有把握的。”陈锡文说，这在过去难以想象。毕竟，关于饥饿的记忆，从未从与他同龄的人的记忆里抹去。

然而，即便是在丰收之年，以及粮食安全状况最好的时期，陈锡文还是忧心忡忡地提醒：未来农业的任务仍将非常艰难。

一、脆弱的供求平衡

陈锡文的担忧不无道理。目前，中国基本粮食（麦类、稻类、粗粮类）的自给率在97%以上，但如果算上大豆，自给率则低于90%，所有农产品的自给率大约维持在80%。“一方面农业在增长，另一方面供给的增长赶不上消费的增长。”陈锡文说。

这是快速城镇化过程中的中国粮食供求矛盾。据《中国国土资源报》的相关报道，2003—2011年，粮食生产累计增长33%；同期消费累计增长41%，消费增速是生产增速的1.24倍。而在未来，可以预见，无论是人口增加、收入增长、城镇化以及膳食结构的改变，还是不断壮大的中产阶层，都将使得生产增长与消费增长之间的矛盾进一步加剧。

由联合国粮农组织（FAO）秘书处和经合组织（OECD）联合编写的《2013—2022年农业展望》预测了这一趋势：未来10年，中国粮食消费量的增长仍将略快于产量增长，消费量年均增速将比产量高0.3%。

陈锡文推算，2010年，中国进口的农产品已经相当于在境外使用了6.3亿亩（1亩≈667平方米，下同）耕地。按照中国目前的农业生产能力，至少需要30亿亩的耕地才能满足需求。“但我们18.2亿亩耕地转化成播种面积，大约只有24亿亩。（编者注：一亩地如果一年能种植三季作物，即视为3亩播种面积。）缺口在那儿摆着呢，随着城镇化继续发展，缺口还会越来越大。”

---

① 资料来源：郭芳，王红茹，李雪．粮食保障战：保供给，保耕地，保环境，保人才［J］．中国经济周刊，2013（25）：26-31.

二、18 亿亩耕地红线上的土地失控

中央的要求是，坚守 18 亿亩耕地红线。然而，在过去快速城镇化、工业化进程中，保住 18 亿亩耕地红线一直面临着较大的挑战。根据国土资源部的统计数据，1996—2006 年，全国耕地面积减少了 1.24 亿亩。这些减少的耕地大部分在南方，其中一半多是珠三角、长三角地区快速的工业化和城市化占用的稻田。

三、GDP 冲动下的粮食安全隐患

农区与工业化发达地区强烈的利益对比，也激发了国家重点农业县推进工业化的冲动，希望借此改变粮食大县、经济弱县的尴尬境况。“对工业发展的冲动，以中部省份为最。为什么要搞工业化，为的还是税收，当然，另一方面也为了提供就业。”李国祥说。

这样带来的结果，一方面是对耕地的侵占；另一方面土地污染也成了工业化的产物之一。污染会导致粮食质量和产量下降，甚至绝收。

李国祥不无担忧地说，如果粮食主产区也像经济发达地区一样，普遍地追求高度工业化和城镇化的发展模式，这可能会给国家带来灾难性的后果。

四、维持自给，人从何来？

活在“谁来养活中国人”阴影下的中国农业从业者，一直在寻求更好的解决粮食安全问题的出路。

马荣荣感慨，他的研究所招人，一年比一年难招。“人口的总体流向总是往高利润的行业去。……人们宁愿下煤矿挖煤也不愿意种田了。挖煤已经是最苦的活了，但还是比种田赚钱啊。”

这些年，国家出台了两条政策：提价和补贴，以吸引一部分精英到这个传统产业中去，保住这个产业，“否则它会彻底崩溃”。

当然，马荣荣有信心，人的问题，国家一定会重视。

案例解析

农业是国民经济的基础。无粮不稳，作为粮食生产大国和人口大国的中国，尤其要关注粮食安全问题，即确保生产足够数量的粮食；最大限度地稳定粮食供应；确保所有需要粮食的人都能获得粮食。作为基础产业、弱质产业和高风险产业，稳定农业，保证粮食安全，政府必须要积极作为。

思考题

1. 政府干预农业的理由有哪些？
2. 借鉴国际经验，政府可以通过哪些手段确保粮食安全？

案例35 国家发改委关于深化棉花目标价格改革的通知[①]

2014—2016年，国家在新疆启动了为期三年的棉花目标价格改革试点。经过三年实践，棉花目标价格改革试点取得了明显成效，探索出一条农产品价格由市场供求形成、价格与政府补贴脱钩的新路子，提升了国产棉花质量和市场竞争力，为农业供给侧结构性改革提供了实践经验。经国务院同意，2017年起在新疆深化棉花目标价格改革。继续坚持生产成本加收益的定价原则，棉花目标价格按照近三年生产成本加合理收益确定。棉花目标价格三年一定。对新疆享受目标价格补贴的棉花数量进行上限管理，超出上限的不予补贴。补贴数量上限为基期（2012—2014年）全国棉花平均产量的85%。按上述机制，确定2017—2019年新疆棉花目标价格为每吨18 600元。

案例解析

开展目标价格改革试点是完善农产品价格形成机制的重要内容。实行棉花目标价格政策后，取消临时收储政策，生产者按市场价格出售棉花。当市场价格低于目标价格时，国家根据目标价格与市场价格的差价和种植面积、产量或销售量等因素，对试点地区生产者给予补贴；当市场价格高于目标价格时，不发放补贴。本案例一方面让学生理解蛛网市场理论的应用；另一方面让学生理解国家对新疆棉花制定目标价格的政策意图。

思考题

1. 结合蛛网市场理论，分析国家干预农产品市场价格的原因。
2. 除了目标价格，你认为政府还应该从哪些方面着手促进新疆棉花产业的发展？

---

① 资料来源：国家在新疆深化棉花目标价格改革［EB/OL］.（2017-03-17）［2020-10-02］. http://finance.sina.com.cn/roll/2017-03-17/doc-ifycnpvh4753424.shtml? cre=financepagepc&mod=f&loc=5&r=9&doct=0&rfunc=61.

案例 36　中国经济新亮点：2015，PPP 元年[①]

作为一种公私合作建设基础设施、提供公共服务的新机制，政府与社会资本合作模式（PPP）在 2015 年得到空前发展。这一年，国务院及相关部委密集出台了一系列政策文件，大力推广 PPP 模式。地方政府积极跟进，纷纷推出各类基础设施和公共服务的 PPP 项目。因此 2015 年也被市场称为“PPP 元年”。

“PPP 模式不仅有助于增加高质量和高效益的基础设施投资，扩大总需求，也有利于推动我国的供给侧结构性改革，促进简政放权，破除垄断，便利市场准入，激发市场活力。”一些专家说。2016 年，“PPP”再度成为地方政府工作中的高频词，一些代表委员还准备向全国两会提交有关 PPP 的议提案。可以预见，在未来相当长一段时间内，PPP 将成为我国基础设施和公共服务供给的主导模式之一。

一、顶层设计力推 PPP 模式

城镇化、工业化的加速，需要不断提高公共产品和公共服务的供给效率、质量，这需要大量的资金投入。同时，新常态下财政收入的增速明显下降，地方融资平台的规范转型也迫在眉睫。这种资金投入和需要之间的矛盾，就需要创新一种能够撬动社会资本投入到公共服务领域的体制和机制。PPP 顺势而起。

2013 年 7 月 31 日，国务院常务会议提出，要利用特许经营、投资补助、政府购买服务等方式吸引民间资本参与经营性项目建设与运营。这被视为 PPP 模式开启的信号。

2013 年 11 月，党的十八届三中全会明确，允许社会资本通过特许经营等方式参与城市基础设施投资和运营。

2014 年 4 月 23 日，国务院常务会议决定，在基础设施等领域首批推出 80 个项目，面向社会公开招标，鼓励和吸引社会资本以合资、独资、特许经营等方式参与建设运营。

此后，国务院及相关部委出台了一系列性政策文件，大力推广 PPP 模式。公开信息显示，2014 年至 2016 年 3 月，政府部门下发的关于 PPP 的政策通知达到 54 份。

2015 年，国务院会议多次对推行 PPP 模式做出部署。

2015 年 5 月，李克强总理主持召开国务院常务会议，部署推广政府和社会资本合作（PPP）模式，汇聚社会力量增加公共产品和服务供给。当年 8 月，李克强主持召开国务院常务会议，决定进一步破解审批烦琐、资金缺口大等问题，加快棚改、铁路、

---

① 资料来源：中国经济新亮点：2015，PPP 元年［EB/OL］.（2016-03-04）［2020-10-14］. http://www.gov.cn/zhengce/2016-03/04/content_5048916.htm.

水利等重大工程建设，设立 PPP 项目引导资金，扩大有效投资需求。

业内人士预计，扩大有效投资稳增长仍是 2015 年经济工作的重要课题，而作为融资的重要方式之一，PPP 模式有望继续获得政府的大力推广。

二、PPP 或成基建融资主流模式

伴随着我国经济发展进入“新常态”，以基础设施为代表的公共产品不断增长的需求和受到约束的供给能力之间的缺口在不断扩大，这无疑使得曾经完全由政府主导的基础设施建设投融资模式走向改革，由此，PPP 模式有望成为基建投融资改革的重要方向。

李克强总理明确指出，应采取 PPP 等方式，扩大有效投资，加快推进基础设施尤其是中西部公共设施建设，促进均衡发展。据了解，2015 年，发改委总计推介 PPP 项目数 2 529 个，总投资金额达到 42 443 亿元；财政部总计推出 PPP 示范项目 233 个，总投资金额达到约 8 170 亿元。

据民生证券研究报告统计，2015 年，国家推出的示范、推介项目和已签约但未纳入中央项目库的项目总数已超出 3 100 个，合计金额已达到了近 6 万亿的规模，约占 2014 年基建投资的 60%。如 2016 年继续发布 PPP 示范、推荐项目，那么未来我国的 PPP 项目相对于基建项目总量的占比极有可能超过世界各国惯于使用的 15%的标准，“PPP 化”将成为我国基建项目融资模式设计的主流。

从各地签约的情况来看，城市化较为领先的北京、上海和天津签约数目较少，浙江、江苏和山东成为 PPP 签约较多的省份，签约项目多数集中在市政交通和水务等基础设施领域。

三、2016 年，地方 PPP 将驶入快车道

从地方工作来看，2016 年的首要任务是着力稳增长、扩大有效投资、加快重大项目建设，重点投资项目集中在轨道交通、新型城镇化、生态环保等方面。因此，一些地方在政府工作报告中屡屡提及，要利用 PPP 模式发展基建。如云南一市，入库 PPP 项目 86 个，累计金额达 843 亿元，项目涵盖城市地下综合管廊项目、高速公路、云计算项目、医院建设等领域。

在 2016 年的全国两会上，也有一些提案涉及发展 PPP。全国工商联环境商会就表示，将通过全国工商联提交《关于进一步完善环保领域 PPP 项目支付机制》的提案，建议完善环保领域 PPP 项目支付机制。

案例解析

PPP 模式是政府和社会资本合作的简称。PPP 模式在节约财政资金、提高财政支出使用效益、激发社会资本的投资积极性等方面发挥着积极的作用。我国自 20 世纪 90

年代初引入PPP模式以来，该模式在我国基础设施建设领域发挥了建设性的作用。近年来，在财政部的积极推动下，该模式的应用范围更加广泛，相信随着该模式的逐步规范化和透明化，我国公共产品和公共服务的质量将得到不断提高，同时也将极大提高财政资金使用效益，节约财政支出。本案例让学生全面了解PPP模式及其现实意义。

思考题

结合上述资料思考我国在基础设施建设领域大力推广PPP模式的原因。

案例 37　北京地铁公交涨价[①②]

北京市发改委表示，北京公共交通新票价将于 2014 年 12 月 28 日起执行，公共交通票价调整将按照听证方案二执行。

北京地铁调价听证方案二：起步 6 千米内每人次 3 元，6～12 千米每人次 4 元，12～32 千米每 10 千米加 1 元，32 千米以上每 20 千米加 1 元，票价不封顶。每自然月内，乘客乘车使用市政交通一卡通支出累计满 100 元后，超出部分给予 8 折优惠；满 150 元后，超出部分给予 5 折优惠；支出累计达到 400 元后，不再享受打折优惠。

北京地面交通调价听证方案二：起步 10 千米内每人次 2 元，以后每增加 5 千米加价 1 元；一卡通普通卡刷卡实行 5 折优惠，学生卡刷卡实行 2.5 折优惠。

据人民网报道，据北京市发展和改革委员会官方微博消息，2015 年年底前将推出轨道交通低峰优惠票价。低峰优惠票价有利于分流高峰客流，有一定的平衡路网客流作用，北京市将结合轨道交通自动售检票系统改造情况，在 2015 年年底前，选择合适的时段，在轨道交通试点低峰优惠政策。其他票种（如日票、特定线路通勤票等）、地上地下联乘、换乘优惠等政策也将根据公共交通整体运营、乘客需求、相关信息系统改造等方面情况适时推出。

北京市发改委表示，解放军士兵、武警士兵、伤残人民警察、盲残人士、残疾军人、离休干部、见义勇为人员 7 类特定人群将继续享受轨道交通免票政策。65 周岁及以上老年人、残疾人、解放军士兵、武警士兵、伤残人民警察、残疾军人、离休干部、见义勇为人员 8 类特定人群继续享受地面公交免票政策，同时，继续给予学生半价优惠政策。同时，儿童乘车免票身高由 1.2 米提高至 1.3 米。

北京市财政局：公交地铁票价调整后财政仍需补贴

每年新开一条新地铁，建设成本需要多少？市民每坐一趟地铁，财政的运营补贴又有多少？今天上午，北京市财政局副局长王婴介绍，目前北京地铁每千米的建设成本已达到 11 亿元。公交票制票价改革后，财政还需要对地铁运营补贴 50%，对公交运营补贴 70%。同时，在票制票价改革的同时，市财政与市发改委等有关部门共同启动了地面公交试点综合改革工作。

据介绍，近几年，北京市轨道交通的建设成本大幅度提高，从 2 号线的平均 1.5 亿

---

① 资料来源：北京公交 12 月 28 日起执行新票价：公交 2 元起 地铁 3 元起 [EB/OL].（2014-11-27）[2020-09-28]. http://news.youth.cn/jsxw/201411/t20141127_6130710.htm.

② 北京市财政局：公交地铁票价调整后财政仍需补贴 [EB/OL].（2014-10-26）[2020-09-28]. http://finance.people.com.cn/n/2014/1026/c1004-25909597.html.

元/千米，到5号线的平均5亿元/千米，再到8号线、14号线的平均11亿元/千米。按照轨道交通发展规划，到2020年，北京市的轨道交通将达到1 000千米以上，还要考虑既有线路的更新、地面公交线路的优化等情况。根据有关部门的初步测算，至少还需要投入资金4 000亿元。北京市财政局副局长王婴表示，如此大额的资金需求，不能完全靠政府投入，需要引进社会资本，通过银行贷款、发行债券、PPP、BOT等模式去融资。市民每天乘坐一趟地铁、公交，运营成本究竟多少？王婴介绍，2013年，地铁的运营成本为8.56元/人次，公交的运营成本为3.46元/人次；而人均运营收入方面，地铁为1.87元/人次，公交为0.54元/人次。运营成本和运营收入之间的差额，全部由财政补贴。“这就相当于，一个市民坐一千米地铁，财政就要补贴0.446元/人；而市民坐一千米公交，财政需要补贴0.166元/人。”按照现在的调价方案调价后，地铁每人次票价收入在4.3~4.4元，仅占成本的一半左右；公交每人次票价收入在1.31~1.55元，也仅占成本的30%左右。所以，公交票制票价改革后，财政还需要对地铁运营补贴50%，对公交运营补贴70%。

“公共交通票制票价改革后，财政资金投入不会减少只会增加，但资金投入方向相比之前要发生变化。”王婴解释，以后将由简单的公交运营补贴，转向构建智能化公交；重点支持和保障主管部门及有关企业加强信息化建设，提高智能化水平，提高企业的运营能力；建立一套服务标准体系，便于社会和相关部门对企业的运营状况进行监督。在智能化公交方面，北京市将建立全覆盖的智能交通调度指挥系统。

案例解析

公共定价的核心在于制定合理的价格和收费标准，以适当约束和限制社会对公共服务的消费，从而达到防止浪费、节约财政开支、提高财政资金使用效益的目的。

城市公共交通是涉及国计民生的基础产业，公共交通价格变化涉及每一位市民的切身利益，对公共交通进行财政补贴是世界各国政府的通行做法。从本案例我们可以看到，北京市政府财政补贴对公共交通有效运行的支撑作用，也能使学生切实感受到民生财政的内涵。

思考题

北京市地铁公交涨价的争议很多，请阐述你如何看待这一问题。

案例38　媒体称多条高速路建设陷入资金链危局纷纷停工①

一、从“筹资”到“愁资”

据内部人士透露，交通部2011年已把自己能调拨的车辆购置税等交通专项预算资金共计4 763亿元，于9月份通过财政部“超常规”地全部提前下放到各省，“这在往年根本不可能”。

高速公路正在纷纷停工。2011年下半年以来，陕西、云南等省先后曝出高速公路因资金短缺而停工或半停工。

由于信贷紧缩，银行贷款占到全部融资约80%的高速公路建设行业，一下子大受打击。许多已签订的贷款协议和信贷额度也无法执行。吉林省2011年年初申请的2亿元新增贷款至今没有发放，18亿元本已落实的流动周转资金仅发放了0.8亿元。江西、辽宁、湖北、广西等省份也都信贷短缺、资金链告急。

“要想富，先修路；要想快富，修高速路”，从1984年沈大高速开工至2011年，中国的高速公路总里程发展到全球第二，并将很快超越美国成为第一。但是通往致富之路的高速公路本身却并不赚钱。除了北京，2010年全国其他省市的收费公路全部亏损。

2011年8月底结束的全国收费公路专项清理第一阶段的摸底结果显示，北京、上海、山东、辽宁等12省市收费公路累计债务余额7 593.5亿元，江苏累计债务余额1 338.1亿元。但与此同时，上市公司年报显示，公路收费是股市上的行业盈利冠军——2010年19家高速公路上市公司的平均毛利率高达59.14%，“比房地产还暴利”。

不过，四川高速公路系统一位高层人士说：“动辄拿机场高速和上市公司赚钱说事儿，有谁真正算过机场高速和上市公司公路里程总共才多少，占全国高速路多大的盘子?”他解释道，全国共有17家“一路一公司”高速上市企业（有两家同时在A股与B股上市），按平均每条250千米算，总里程不到全国7.4万千米的8%，而这些路都是整个行业最优质的资产。至于其他收费高速公路则“绝大部分都不赚钱”，比如四川高速公路建设总公司每年亏损十多亿元。亏损的原因是，在建或新建项目成本越来越高，而通车后的收益越来越少，“越修路越亏损”。

目前的高速公路通常分为两种。一种是“经营性公路”，也就是“市场路”，由外

---

① 资料来源：媒体称多条高速路因陷入资金链危局纷纷停工［EB/OL］.（2011-11-12）［2020-09-25］. https://news.qq.com/a/20111112/000781_2.htm.

部融资投入修建，建成后依据当时签订的合同年限收费。另一种则是政府还贷公路，也就是“政府路”，要求财政出资35%做资本金（其中中央政府以所收车船购置税拨付出资10%），建成后收费期不超过25年。(以往一些地方政府的出资部分往往也来自外部融资。所以很多高速公路立项时名义上是政府还贷公路，招商引资之后，公路的性质则根据资本金来源做了变更。)

不过，目前我国高速公路面临的困境是，能赚钱的项目早就完成招商引资，剩下的在建和新建项目“99%无人愿意投资”，只能政府投资。而且剩下的这些地方，修路成本极高。

目前我国中西部地区高速公路的情况基本类似，造价均高达每千米1亿元，建成后车流量少，收费标准比东部地区更低。而高速公路三五年需要一次“大修”，每年保养费均摊也高达每千米5 000万元。即使在发达地区，高速公路间的“贫富差距”也非常大。2011年收费公路专项清理期间，“沪蓉西”高速因1.05元/千米的全国最高收费标准被点名，但若按成本核算，其还本付息所需的收费标准高达3元。

浙江省一名收费员说，其所在公路年年亏损，现在中央对各地高速公路资本金的补贴均是每千米1 000万元，并未对建设成本高的经济落后地区加以倾斜。从经济账的角度，“十二五”期间我国在建或新建的多条高速公路均通向“山高路远坑深”的地区，投资成本高到没可能靠收费还本付息，也没有资金愿意进场投资。

但发展中西部，交通是基础性、先导性、服务性行业，在中央和地方政府的要求下，各省高速公路国有企业又不得不硬着头皮开工。比如藏区高速公路建设，其成本高达1.3亿~1.5亿元/千米，2011年在银行贷款不到位的情况下，中央三令五申催四川开工。“这样的公路哪怕中央给60%的资本金，还是照亏，路修好后收的钱连收费员都养不起！”一位四川高速人士说。

清理地方债，“拔出萝卜带出泥”。2011年6月底，审计署公布的《全国地方政府性债务审计结果》显示，截至2010年年底，交通运输行业债务总额达2.39万亿元，占全国地方政府性债务余额的24.89%，债务规模仅次于“市政建设”。该审计报告特意指出高速公路行业地方政府性债务余额约为1.12万亿元，2011年和2012年是还贷高峰期，存在巨大债务风险，“部分地区高速公路债务规模大、偿债压力较大。部分地区……收费收入不足以偿还债务本息，主要依靠举借新债偿还”。

二、走“市场路”，还是“政府路”？

入不敷出的背景下，公众所期望的高速公路“取消收费”并不现实，收费年限反而可能更长。

三、高速公路究竟应该向何处去？

行业内消息显示，“收费还贷”的提法将被废弃，《收费公路管理条例》中“收费期限届满必须终止收费”的规定也将重新修订。根据“使用者付费”的原则，政府还贷公路还完贷款后，将继续收费以养护运营路况、冲抵运营管理成本。届时，现有15~30年的收费年限将被拉长，但价格可能降低。

对于高速公路收费会推高物流成本的说法，该人士表示，“我不知道这从何说起，与高速路网平行的普通公路都是免费的，你要觉得高速贵，完全可以走免费公路”。

云南公路开发投资公司财务总监彭良波则认为，民众希望高速公路提供优质服务、低收费，政府希望多修路、少花钱，银行的希望则是高收益、低风险，“高速公路投融资主体处于多重矛盾交织尴尬境地，必须寻求平衡”。

但是，高速公路未来将如何在“政府路”与“市场路”之间抉择，依然不得而知。

案例解析

高速公路是国民经济和社会发展的重要基础设施，高速公路建设具有周期长、建设环境复杂、技术含量高、资金需求量大、投资回收期长等特点。作为一种具有排他性的混合物品，高速公路有多种提供方式：市场提供、公共提供、混合提供。在收益无法保证的情况下，市场的参与是有限的。因此，“政府路”还是“市场路”的抉择实际上是在成本和收益之间的权衡。本案例一方面让学生了解基础设施项目的特征；另一方面让学生明确具有排他性的混合产品的提供方式。

思考题

收费公路最终采取“市场路”还是“政府路”，起决定性的因素是什么？如何调动市场参与基础设施项目的积极性？

案例39　激辩高铁“灰犀牛”①

近十年，中国高铁逐步搭建成网，惠及亿万群众出行，大大缩短了城市之间的距离，有力推动了城镇化建设的步伐，巨大的社会贡献不言而喻。同时自主知识产权的高铁还成为中国一张高端制造业的亮丽名片走出国门，输出能力。但在北京交通大学经管学院教授赵坚看来，当下正在进行的主要靠债务融资的大规模高铁建设，将给中国铁路总公司（以下简称“中铁总”）和地方政府造成很大的债务负担，进而成为撞击中国经济的“灰犀牛”（不同于小概率高风险的“黑天鹅”，“灰犀牛”是指大概率高风险事件）。

赵坚引用2016年年底的数据分析称，当时中铁总的负债为4.72万亿元，其中至少3.3万亿元（占69.92%）是建设2.2万千米高铁和购置动车组的投入。按4.75%的利息计算，每年应支付的贷款利息为1 568亿元。而中铁总2016年的客运收入为2 817亿元，其中高铁的客运收入仅为1 409亿元，尚不够支付贷款利息。中铁总必须依靠财政补贴和不断借新债还旧债来维持。

赵坚强调的是，铁路2%以下的优惠借款政策实质是国家的巨额补贴，以3%的利差和高铁承担2万亿元付息负债来测算，对应的高铁年度补贴达600亿元。他认为，政府补贴应优先使用在农村，特别是贫困地区的基础教育、医疗保障，即使补贴铁路客运，也应补贴普通硬座出行而不是补贴普通客车卧铺出行；而高铁提供的是节约旅行时间的商业服务，更不是政府应当提供的基本公共服务，补贴高铁的实际效果，是让穷人补贴富人。

上海交通大学教授陈欣则认为，从财务角度来看，该测算所用数据比较片面。尽管中铁总发行铁路建设债券的融资成本约为5%，但国内银行贷款和国际贷款的利率远低于银行基准利率。从2017年中铁总的审计报告可以看出，公司支付的利息为760亿元，以4万亿元左右的付息负债来计算，平均利率才1.9%。按以上逻辑测算，假设高铁承担借款2万亿元，每年仅需支付利息380亿元，高铁的客运收入就可覆盖利息支出。

案例解析

实际上，两位学者的上述测算，主要分歧在于如何看待高铁建设的政府补贴问题。从财政学的观点来看，中国的高铁服务属于混合物品，具有很大的外部性，仅用市场

① 资料来源：激辩高铁“灰犀牛”［EB/OL］.（2019-02-18）［2020-11-25］. http://weekly.caixin.com/2019-02-16/101380352.html.

利率水平测算中铁总的财务风险而并不考虑高铁带来的外部性收益的分析方法不够全面。

高铁的作用不能仅从建设和运营成本角度考虑。高铁建设推动了工业化、城镇化进程，增强了沿线城市经济集聚功能和对周边城镇的辐射作用。高铁投资大、产业链长，集成多领域技术，对钢铁、水泥、建材、冶金、机械、建筑等相关行业产生强劲带动作用，创造了大量就业岗位，提高了中国相关产业在全球价值链中的地位，对于消化过剩产能、促进经济产业结构优化升级发挥了作用。

另外，中铁承担着大量公益性运输，如铁路部门每天需要开行大量的、主要运行于连片贫困地区的公益性慢火车，这类慢火车票价低廉，铁路部门为此每年需要补贴40多亿元。

从国家经济全局出发，国家承担3%左右的政策性贴息成本，但也同时获得了上述的人员流动效率增加、创造了大量就业等好处，这些社会效益都可以对冲贴息成本。

本案例让学生进一步了解政府介入基础设施投资方式的多样性。

思考题

1. 中国政府每年给高铁600多亿元的财政补贴是否合理？
2. 你认为目前中国高铁建设的债务风险问题是否过大？理由是什么？

案例 40　澳门特区的“现金分享措施”[①]

澳门特别行政区政府网站公开的信息显示，澳门特别行政区行政长官崔世安在2018 年 11 月 15 日发表 2019 年度施政报告，建议 2019 年向澳门特区永久居民每人发放现金 10 000 澳门元，向非永久居民每人发放 6 000 澳门元，同时提高养老金金额至 3 630 澳门元，最低维生指数 4 230 澳门元。

报告称，澳门特区政府实施《非强制性中央公积金制度》后，政府不断优化社会保障机制，提高最低维生指数，并继续向受益家庭发放一份经济援助金；向三类弱势家庭发放特别补助；并继续实施短期食物补助计划，加强临时及紧急援助。

另外，澳门特区政府还建议，将 2019 年的养老金提升至 3 630 澳门元，敬老金维持在 9 000 澳门元，另外，澳门特区政府还将在每名合格的澳门永久居民的个人公积金账户中放入 10 000 澳门元的启动金。

更为直接的补贴是，行政长官崔世安还提出了“现金分享措施”，建议给每位永久居民发放 10 000 澳门元，向非永久居民每人发放 6 000 澳门元。

当然，澳门特区政府的“大红包”还远不止于此，在该计划中，幼儿园到中学的学生都会获得不同额度的“书簿津贴”、就读大专和研究生还有学习用品津贴、生宝宝有“出生津贴”、低收入受雇人士有“积极人生服务计划”和“社区就业辅助计划”……

同时，澳门政府还推出了四项税务优惠措施：为企业减税、降低出租房屋税率、推动特色金融发展、减免小贩牌照费等一系列费率。

事实上，这已经不是澳门特区政府第一次以各种名义“发钱”了，早在 2008 年，时任澳门行政长官的何厚铧就提出了“现金分享计划”，目的是分享经济发展成果，抗击通胀以及应对 2008 年金融危机的冲击。

2008 年，澳门政府给每位永久居民发放 5 000 澳门元，而非永久居民每人也能获发 3 000 澳门元，经济危机已然过去，但“发钱”的制度却留了下来，并且金额逐年提高。事实上，澳门自从 2008 年开始，每年都会向居民发放现金，即澳门居民已经领了 12 年的“分红”。2018 年，该计划的发放金额是永久居民每人 9 000 澳门元，非永久居民每人 6 400 澳门元。2019 年是澳门特区“现金分享计划”的第 11 个年头，发钱的数额也再创新高。

2020 年 3 月 31 日，澳门“2020 年度现金分享计划”开始实行：向每位澳门永久

① 资料来源：澳门特区政府发大红包！永久居民每人发 1 万澳门元［EB/OL］.（2018-11-15）［2020-11-15］. http://news.haiwainet.cn/n/2018/1115/c3541083-31438527.html.

居民派发 1 万澳门元（约合人民币 8 806 元），非永久居民 6 000 澳门元（约合人民币 5 284 元）。此外，为了应对疫情对居民生活造成的困难，澳门免除了所有居民 3 个月的电费，在水费方面：3–4 月免费，5–6 月只缴纳一半费用。

案例解析

澳门政府最大的优势在于有充裕的财政储备，因此将“现金分享”作为一种稳定民心的手段是很自然的事。本案例的目的一方面是让学生了解财政补贴的作用；另一方面是引导学生思考这种按人头发放的现金补贴在促进收入分配公平方面的作用。

思考题

1. 你认为澳门政府的“红包”属于收入分配的哪种？
2. 你认为澳门政府的“红包”，高、低收入群体的受益是否一样？

案例 41　我国医保支付改革进入攻坚期[①]

医保支付方式改革已从零星探索逐步走向全面推开。《经济参考报》记者获悉，2017 年将全面推进医保支付方式改革，在县级公立医院和试点城市公立医院全面推进按病种付费、按人头付费和总额预付等复合付费方式改革。

不过，随着医改进入攻坚期和深水区，利益格局调整更加复杂。基本医保筹资和待遇调整机制可持续性不强、医疗费用增长过快等问题仍然存在。2008—2015 年，我国卫生总费用从 14 535 亿元上涨到 40 975 亿元，年均增幅达 16%。与此同时，我国部分地区的医保基金出现赤字，医保制度的可持续性面临考验。

对于我国医保制度的可持续性压力，业内人士指出，究其原因，一方面来自筹资机制不够完善，筹资责任过度向单位和政府集中，政府负担比例过高；另一方面是报销比例快速提高，部分地区职工医保报销比例超过 90%。

针对这一问题，财政部有关负责人表示，今年将继续健全医保筹资和报销比例调整机制，增强制度的可持续性。一是要合理调整政府、单位和个人筹资分担比例。二是要完善个人账户，逐步开展门诊费用统筹。三是要坚持适度保障的原则，避免过度攀比发达国家保障水平，引导群众形成合理预期。同时，大力发展商业健康保险。

案例解析

医疗保险是具有外部效益的混合产品。其筹资方式主要采取社会统筹和个人账户相结合的原则。近年来，我国各地医疗保险赤字问题日益普遍，究其原因，案例资料进行了较好总结：一方面是筹资机制不合理；另一方面是报销比例快速提高。事实上，不论是筹资责任向单位和政府集中，还是报销比例快速提高，都是对基本医疗保险这一混合产品的公共提供和市场提供的比例划分不明确所致。地方政府基于社会公众的压力，将支付责任更多向政府和单位倾斜。而在个人承担比例较低的情况下，对该产品的过度消费无法避免。现实中，各地社保机构也采取了多种措施，但效果甚微。通过该案例资料，学生可以看到当具有外部效益的混合产品的提供偏离其最优筹资模式时，随着个人承担比例的持续下降，该产品越容易出现“公地悲剧”问题：一方面会导致对医疗资源的过度使用；另一方面会对医疗保险资金带来沉重的支付压力。对上述问题的思考可为今后优化我国医疗保险制度提供有益的思路。

① 资料来源：全面推进复合付费方式 医保支付改革上演医改“重头戏”［EB/OL］.（2017-03-09）［2020-09-22］. https://www.sohu.com/a/128291447_119038.

思考题

根据混合产品消费理论，分析资料中筹资机制不合理和报销比例快速提高会产生什么后果。结合所学理论，你认为面对我国多地医疗保险基金出现赤字的问题应采取哪些措施应对?

案例42　新疆2019年城乡居民基本医保财政补助65亿元[①]

2019年4月2日，记者从新疆维吾尔自治区财政厅获悉，自治区财政积极筹措资金确保自治区城乡居民基本医疗保险专项补助资金及时到位，近日，自治区财政将2019年城乡居民基本医疗保险财政补助资金65亿元提前下达各地，该项资金主要用于保障全区1 536万城乡居民看病就医。

2019年，新疆城乡医保财政补助标准由每人每年490元提高到每人每年520元。

据自治区财政厅相关负责人介绍，今年自治区财政提出强化专项资金跟踪监督等举措，要求各地负责本地区城乡居民基本医疗保险补助资金的使用和管理，坚决杜绝资金滞拨、挤占、截留、挪用、套取等违纪违规问题，有效解决跟踪问效不够、资金效益不高等问题。

案例解析

城乡居民基本医疗保险是以城镇未成年人和非在职人员以及农村居民为主要参保对象的医疗保险制度。它是继城镇职工基本医疗保险制度和新型农村合作医疗制度推行后，党中央、国务院进一步解决广大人民群众医疗保障问题，不断完善医疗保障制度的重大举措。这一制度的出现在中国社会保险制度改革的历程中具有重大意义，指明了中国社会保险制度改革的方向。2016年1月12日，国务院印发《国务院关于整合城乡居民基本医疗保险制度的意见》要求，推进城镇居民医保和新农合制度整合，逐步在全国范围内建立起统一的城乡居民医保制度。

城乡居民基本医疗保险作为社会保险基本组成部分，是典型的优值品。在各级财政的大力支持下，目前参保人数和参保率已基本达到全民覆盖的水平。本案例一是要让学生了解我国城乡居民基本医疗保险的发展现状；二是要使学生认识到财政补贴在纠正消费者不合理偏好中发挥的积极作用；三是要引导学生思考我国城乡居民基本医疗保险未来的制度走向（筹资模式、统筹级别、报销比例）。

思考题

结合财政补贴的作用机理分析财政补贴在促进城乡居民基本医疗保险快速发展中的作用。思考我国城乡居民基本医疗保险未来的制度走向。

① 资料来源：新疆2019年城乡居民基本医保财政补助65亿元［EB/OL］.（2019-04-03）［2020-08-25］. http://xj.people.com.cn/GB/n2/2019/0403/c186332-32807917.html.

案例 43　高校助学金政策效果

我国在普通高校建立了以国家奖助学金、国家助学贷款、学费补偿贷款代偿、勤工助学、校内奖助学金、困难补助、伙食补贴、学费减免等多种方式并举的资助政策体系，同时实施家庭经济困难新生入学“绿色通道”。

2015 年 12 月 9 日，教育部发布的《国家中长期教育改革和发展规划纲要》报告显示，2010—2014 年全国学生资助资金共计 5 564 亿元，其中 2014 年为 1 421 亿元，比 2009 年翻了一番。从受助学生看，2010—2014 年全国累计资助学生 4. 1 亿人次，其中 2014 年为 8 544 万人次，比 2009 年增长 30%以上。学生资助经费投入和受助学生人数均大幅增长，基本保障了“不让一个学生因家庭经济困难而失学”，我国教育公平迈出重大步伐。

财政部、教育部 2019 年 6 月 28 日发布《关于调整职业院校奖助学金政策的通知》（财教〔2019〕25 号）。经国务院同意，从 2019 年起扩大高等职业院校（以下简称“高职院校”）奖助学金覆盖面、提高补助标准，设立中等职业教育国家奖学金。具体为：

1. 增加高职院校国家奖学金名额。从 2019 年起，将本专科生国家奖学金奖励名额由 5 万名增加到 6 万名，增加的名额全部用于奖励特别优秀的全日制高职院校学生，奖励标准为每生每年 8 000 元。

2. 扩大高职院校国家励志奖学金覆盖面。从 2019 年起，将高职学生国家励志奖学金覆盖面提高 10%，即由 3%提高到 3. 3%，奖励标准为每生每年 5 000 元。

3. 扩大高职院校国家助学金覆盖面、提高补助标准。从 2019 年春季学期起，将高职学生国家助学金覆盖面提高 10%，平均补助标准从每生每年 3 000 元提高到 3 300 元。普通本科学生国家助学金平均补助标准同时从每生每年 3 000 元提高到 3 300 元。

案例解析

近十年来，随着国家教育支出规模的持续增加，助学金的发放力度和覆盖面日益扩大。通过案例资料，一是要让学生理解助学金对于增加教育消费的经济学意义，从而对财政补贴的经济影响以及国家助学金政策的效果有更深入的理解；二是要让学生关注国家的助学金政策，并思考助学金政策在促进教育机会公平的同时，如何通过制度创新，更好实现效率目标。

思考题

助学金的经济效应是什么？你认为助学金在促进教育机会公平的同时，如何更好地实现效率目标？

案例44　传统中国社会的社会救助思想和举措

《孟子·梁惠王下》："昔者文王之治岐也，耕者九一，仕者世禄，关市讥而不征，泽梁无禁，罪人不孥。老而无妻曰鳏，老而无夫曰寡，老而无子曰独，幼而无父曰孤。此四者天下之穷民而无告者，文王发政施仁，必先斯四者。诗云：可矣富人，哀此茕独。"

西周时期，地官司徒就提出并实施过"以保息六养万民：一曰慈幼，二曰养老，三曰赈穷，四曰恤贫，五曰宽疾，六曰安富"的社会救济政策。

管仲提出惠民政策，鼓励一般家庭收养孤儿。

齐桓公："养孤老，食常疾，收孤寡。"

齐景公："散百官之财，施之民矣；赈孤寡而敬老人。"

刘晏在实践中总结了这样一条经验："王者爱人，不在赐予，当使之耕耘纺织，常岁平敛之，荒年蠲救之。"他认为，"善治病者，不使之危惫，善救灾者，勿使至给"。刘晏救灾为了做到"应民之急"，还在其所辖各州县储粮三百万石，以做备荒之用。

案例解析

自国家产生以来，对弱势群体的救助一直属于国家财政支出的一部分，我国也同样如此。从史料来看，不同历史时期社会救助的对象大同小异。除了关注对鳏寡孤独幼弱势群体的救助外，对政府来说树立什么样的社会救助理念可能更加重要。上述论述中，刘晏的经验可能更具有启发意义和进步性。以史为鉴，本案例促使学生思考现实中我们应该树立什么样的社会救助理念，以实现我国社会救助政策公平和效率目标的有机结合。

思考题

结合案例资料和现实，思考现实中我们应该树立什么样的社会救助理念，以实现公平和效率的有机结合。

案例45　关于进一步完善新能源汽车推广应用财政补贴政策的通知[①]

为支持新能源汽车产业高质量发展，做好新能源汽车推广应用工作，2019 年 3 月 26 日，财政部、工业和信息化部、科技部、国家发展改革委联合下发了《财政部 工业和信息化部 科技部 发展改革委关于进一步完善新能源汽车推广应用财政补贴政策的通知》（财建〔2019〕138 号）。主要内容如下：

（1）优化技术指标，坚持"扶优扶强"。

按照技术上先进、质量上可靠、安全上有保障的原则，适当提高技术指标门槛，保持技术指标上限基本不变，重点支持技术水平高的优质产品，同时鼓励企业注重安全性、一致性。主要是：稳步提高新能源汽车动力电池系统能量密度门槛要求，适度提高新能源汽车整车能耗要求，提高纯电动乘用车续驶里程门槛要求。

（2）完善补贴标准，分阶段释放压力。

根据新能源汽车规模效益、成本下降等因素以及补贴政策退坡退出的规定，降低新能源乘用车、新能源客车、新能源货车补贴标准，促进产业优胜劣汰，防止市场大起大落。

（3）完善清算制度，提高资金效益。

从 2019 年开始，对有运营里程要求的车辆，完成销售上牌后即预拨一部分资金，满足里程要求后可按程序申请清算。政策发布后销售上牌的有运营里程要求的车辆，从注册登记日起 2 年内运行不满足 2 万千米的不予补助，并在清算时扣回预拨资金。

（4）营造公平环境，促进消费使用。

从 2019 年起，符合公告要求但未达到 2019 年补贴技术条件的车型产品也纳入推荐车型目录。地方应完善政策，过渡期后不再对新能源汽车（新能源公交车和燃料电池汽车除外）给予购置补贴，转为用于支持充电（加氢）基础设施"短板"建设和配套运营服务等方面。如地方继续给予购置补贴的，中央将对相关财政补贴做相应扣减。

（5）强化质量监管，确保车辆安全。

进一步加强安全性和一致性监管，由行业主管部门加快建立产品安全监控和"一致性"抽检常态机制。对由于产品质量引发重大安全事故，或经有关部门认定存在重大质量缺陷的车型，暂停或取消推荐车型目录，并相应暂缓或取消财政补贴。

该通知从 2019 年 3 月 26 日起实施，2019 年 3 月 26 日至 2019 年 6 月 25 日为过渡

---

① 资料来源：四部门关于进一步完善新能源汽车推广应用财政补贴政策的通知［EB/OL］.（2019-03-27）［2020-11-10］. http://www.gov.cn/xinwen/2019-03/27/content_5377123.htm.

期。过渡期期间，符合2018年技术指标要求但不符合2019年技术指标要求的销售上牌车辆，按照《财政部 科技部 工业和信息化部 发展改革委关于调整完善新能源汽车推广应用财政补贴政策的通知》（财建〔2018〕18号）对应标准的0.1倍补贴，符合2019年技术指标要求的销售上牌车辆按2018年对应标准的0.6倍补贴。过渡期期间销售上牌的燃料电池汽车按2018年对应标准的0.8倍补贴。燃料电池汽车和新能源公交车补贴政策另行公布。

建立惩罚机制、破除地方保护、监管管理等其他相关规定继续按财政部、科技部、工业和信息化部、国家发展改革委《财政部 科技部 工业和信息化部 发展改革委关于调整新能源汽车推广应用财政补贴政策的通知》（财建〔2016〕958号）、《财政部 科技部 工业和信息化部 发展改革委关于新能源汽车推广应用审批责任有关事项的通知》（财建〔2016〕877号）、《财政部 科技部 工业和信息化部 发展改革委关于2016—2020年新能源汽车推广应用财政支持政策的通知》（财建〔2015〕134号）以及《财政部 科技部 工业和信息化部 发展改革委关于调整完善新能源汽车推广应用财政补贴政策的通知》（财建〔2018〕18号）等有关文件执行。

案例解析

财政补贴是国家为了实现特定的政治经济和社会目标，向企业或者个人提供的一种补偿，是无偿性的财政支出，是财政转移性支出的重要内容。财政补贴是国家对分配的干预，也是国家调节国民经济和社会生活的重要手段之一。财政补贴既有积极效应也有消极效应。本案例引导学生思考财政补贴的经济影响机理，并正确认识财政补贴对供给和需求的影响。

思考题

你认为财政补贴对新能源汽车推广应用发挥了哪些积极效应？财政补贴对促进新能源汽车消费能发挥什么样的作用？

案例46　非水可再生能源发电补贴方式进一步完善[①]

财政部、国家发展改革委、国家能源局近日联合发布了《关于促进非水可再生能源发电健康发展的若干意见》(以下简称《意见》),明确对相关项目的财政补贴办法。

《意见》主要明确了四方面内容:一是坚持以收定支原则,新增补贴项目规模由新增补贴收入决定,做到新增项目不新欠;二是开源节流,通过多种方式增加补贴收入、减少不合规补贴需求,缓解存量项目补贴压力;三是凡符合条件的存量项目均纳入补贴清单;四是部门间相互配合,增强政策协同性,对不同可再生能源发电项目实施分类管理。

根据《意见》,自2020年起,所有新增可再生能源发电项目均采取"以收定支"的方式确定。考虑基金征收情况和用电量增长等因素,预计2020年新增补贴资金额度为50亿元,可用于支持新增风电、光伏发电、生物质发电项目。同时,自2020年起,新增海上风电和光热项目不再纳入中央财政补贴范围,由地方按照实际情况予以支持,按规定完成核准(备案)并于2021年12月31日前全部机组完成并网的存量海上风力发电和太阳能光热发电项目,按相应价格政策纳入中央财政补贴范围。

《意见》鼓励金融机构对列入补贴清单的项目予以支持。新的管理机制建立后,随着以收定支、新增项目不新欠以及合规项目纳入补贴清单等措施的落地,可再生能源发电项目将具有稳定的收益。金融机构可据此作为评估项目的依据,按照市场化原则,对绿色能源予以支持,共同促进可再生能源行业可持续发展。

国家发展改革委、国家能源局将进一步明确2020年可享受补贴的可再生能源发电类型和分类别的补贴额度,相应出台具体的管理办法,确保新增项目补贴额度控制在50亿元以内。国家能源局已就2020年风电、光伏发电管理办法征求了各方意见,正在修改完善。

自2006年《中华人民共和国可再生能源法》实施以来,我国逐步建立了对可再生能源开发利用的价格、财税、金融等一系列支持政策。其中,对于可再生能源发电,通过从电价中征收可再生能源电价附加的方式筹集资金,对上网电量给予电价补贴。2012年至2020年,中央财政累计安排资金超过4 500亿元,有力支持了我国可再生能源行业的快速发展。截至2019年年底,全国累计风电装机2.1亿千瓦,光伏发电2亿千瓦,生物质发电2 254万千瓦,为实现2020年我国非化石能源占一次能源消费总量比重的15%目标提供了有力支撑。

---

① 资料来源:非水可再生能源发电补贴方式进一步完善[EB/OL].(2020-02-04)[2020-10-25]. http://www.xinhuanet.com/energy/2020-02/04/c_1125528495.htm.

案例解析

财政补贴是国家财政通过对分配的干预，调节国民经济和社会生活的一种手段，目的是支持生产发展，调节供求关系，稳定市场物价，维护生产经营者或消费者的利益。本案例中财政补贴的主要目的是调整资源配置结构，促进资本更多投向非水可再生能源发电，以节约使用水资源。本案例让学生理解财政补贴是促进资源配置的主要手段之一，能充分发挥财政在资源配置中“四两拨千斤”的政策目的。

思考题

运用公共经济学原理，分析财政补贴的资源配置职能如何发挥作用。

案例47　日本应对老龄化社会的两个启示[①]

日本社会的老龄化问题非常严重，那到底有多严重呢？在日本，每年的死亡人数要比新生儿数多400 000，人口总数持续出现负增长；同时，日本是全世界最长寿的国家，人口平均寿命有84岁；年龄在65岁以上的人口比例超过了28%。

还不只是日本，从全世界范围来看，人类的平均寿命都在变得越来越长。我们这一代，活到100岁，或者接近100岁，都是近在眼前的事。

长寿当然是好事，但长寿带来的老龄化趋势，也给整个社会带来了巨大的挑战，比如说人口数量减少、劳动力短缺、医疗负担过重、养老金体系不堪重负等，都是人口老龄化带来的问题。

《经济学人》连续两期发表文章，介绍了日本应对老龄化社会的政策和手段。《经济学人》提出了一个建议：对于中国来说，在缓解人口老龄化的问题上，日本是很好的学习对象，尤其是劳动力短缺和养老问题，日本采取的一些举措非常值得参考。

一、日本如何缓解劳动力短缺

《经济学人》的文章说，老龄化社会最大的问题就是劳动力短缺。就拿日本来说，在人才市场上，求职者数量与市场的职位空缺比是1∶1.6。也就是说，假如你在日本想找一份工作，市场上会有1.6份工作等着你，这充分说明了日本的劳动力短缺问题有多严重。

这还只是个开始，预计到2030年，日本的劳动力数量将从现在的6 700万缩减到5 800万，也就是说，还要再减少将近1 000万的劳动力，形势会变得越来越严峻。

解决劳动力短缺问题的关键，当然就是要找到足够的人来工作，对此《经济学人》认为，可以通过三种举措来解决问题：延长退休年龄、鼓励女性就业、积极引进移民。

1. 延长退休年龄，提高人们的工作年限

延长工作时间对政府的财政有巨大的好处，它既能带来更高的税收，也能降低政府在退休金上的投入。日本政府的做法是，首先，从政府层面出台规定，把退休年龄从60岁调整到65岁，但这不是一刀切的硬性规定，更不是强迫民众遵守，而是给了民众自愿选择的权力和空间。其次，日本政府采取了一些激励手段来鼓励人们延迟退休，比如说同意延迟退休的人，将得到更高的退休金。最后，日本企业也要积极配合，除了放宽退休年龄限制，还可以返聘已经退休的员工。

---

① 资料来源：马徐俊新知报告 日本应对老龄化社会的两个启示［EB/OL］.（2018-11-21）［2020-11-25］. https://www.dedao.cn/article/5Yejy8dqoQD9JoPY7XR1r0xpgmWk3v.

2. 促进女性就业

《经济学人》认为，要促进女性就业，最重要的是改善女性的社会工作环境，而这需要政府和企业联合起来，为此做出积极的努力。

女性就业的一大问题，就是生育带来的职业生涯困境。一旦生了孩子，很多女性都会中断工作，对后续的职业发展造成不小的影响，还有一些女性为了照顾孩子，彻底离开了职场。

针对这个问题，《经济学人》认为，要改变日本私营企业的资历制度，说白了，就是颠覆顽固的论资排辈制度（the seniority system）。在日本的企业里，涨薪和提拔都跟你的工作年限挂钩，也就是说，一旦一位女性员工生了孩子，工作中断，以后的升职加薪就别想了。而要激励更多女性回到职场，就要废除日本企业的资历制度，改为按员工能力，而不是按工作年限来评估升职加薪。

除了企业要为女性提供更友好的职场环境外，政府也要起到推动和辅助的作用。《经济学人》介绍说，安倍计划从2019年起，在日本继续增加幼儿园的数量，同时，所有幼儿园都免费，给女性足够的空间和支持，让她们有余力重返职场。

事实证明，安倍的这些举措是行之有效的，2012—2018年，日本已生育的女性中，超过50%都重新回到了工作岗位，比2010年要高出至少12%。

3. 引进移民

其实，这一招日本已经在使用了，但目前日本引进移民的数量和速度，在《经济学人》看来还远远不够——在日本，只有2%的劳动力是非本国出生的“外国人”，而这个比例在美国有17%。

《经济学人》说，实际上，日本已经在默许更多的外国人来本国工作，只不过名义上，这些外国人是来日本做学生和学徒的。下一步，日本计划引进更多行业的蓝领工人，比如说建筑业、造船业、老年人护理等行业工人。

日本还推出了一条政策：到日本工作的外国人，必须具备特定技能，而且在日本工作的签证不能超过五年，还不能带家属。

2018年10月，安倍已经在日本国会上提出了新的签证计划，它和之前的签证政策最大的不同，就是将外国人的工作签证时限放宽，工作五年后可以继续留在日本，还能把家人带到日本。安倍还在国会上说，这个计划将从2019年开始实施，由此可见，安倍想把劳动力留在日本的心情十分迫切。

文章说，日本在延迟退休年龄、鼓励女性重返职场，以及引进更多移民等方面都取得了进步。在日本，老年人群体已经成为劳动力的重要组成部分，65岁以上的老年人有23%还在工作，这个比例在加拿大、法国、德国、意大利、日本、英国和美国组成的工业七国集团（G7）里，是最高的，日本女性在劳动力市场的比例也超过了美国。

目前，日本国会还在讨论一个提案：计划在2025年把在日本工作的外国工人的数量提升到345 000人，这将进一步缓解日本的劳动力短缺问题。

二、日本的养老院服务模式好在哪?

《经济学人》说，日本的养老院和中国的养老院最大的不同就在于养老院提供的服务。中国人普遍认为，我花了钱，就是为了得到充分的照顾，所以养老院的任务，就是事无巨细地帮我把生活琐事料理好，我只要坐享清福就行了。事实上，中国的养老院大多是这么做的。

而日本的养老院则是根据老人的身体情况，尽可能地让老人完成日常生活中的小任务，比如浇花、收拾屋子，养老院还会鼓励他们做一些之前没做过的事，如运动、做手工等。这样一来，老人在养老院得到的不仅仅是基本的生活照料，而是能够恢复身体机能，重新获得生机和活力。对老人来说，这种养老服务无疑拥有巨大的价值。

《经济学人》认为，这种养老院的服务模式特别适合中国。中国的老龄化问题也很严重，每九个人中，就有一个人年龄超过 65 岁；到了 2030 年，中国预计会有 2 300 万老年痴呆症患者，非常需要专业的照料和康复服务。所以，在如何照顾老人的问题上，中国确实有很多可以向日本借鉴的地方。

案例解析

在计划生育与高收入增速的影响下，中国的人口结构迅速迈向老龄化。根据世界银行的数据，2017 年中国的生育率（1.63）已经远低于人口替代率（约 2.1）。联合国预测到 2050 年，中国 60 岁以上人口占比将超过 40%。现有经济学文献认为人口老龄化可能拖累中国经济增长，抑制创业与创新活力。人口老龄化是中国未来发展最大的经济问题。我们应充分借鉴日本在应对社会老龄化方面的经验教训。中国日益严重的老龄化问题对我国养老制度和社会保障制度的持续性带来较大隐患。本案例促使学生思考政府在养老问题上的责任以及应对老龄化问题的思路。

思考题

政府在养老问题上有哪些责任和义务?

案例 48　延迟退休来了![1]

人力资源和社会保障部指出，推迟退休年龄是必然趋势，由于延迟退休是一项重大社会政策，不同行业、不同群体还有一些不同看法，人力资源和社会保障部将进行深入研究论证，适时提出方案建议。

究其原因，人力资源和社会保障部官员指出，我国是世界上退休年龄最早的国家，目前大多数国家退休年龄是 65 岁、67 岁，推迟退休年龄是必然趋势。随着经济社会的不断发展以及人均寿命的不断延长，一些国家相应延迟了退休年龄，“相应推迟退休年龄是必然趋势”。我国现行企业职工退休年龄为男 60 周岁、女干部 55 周岁、女工人 50 周岁，这是 20 世纪 50 年代《中华人民共和国劳动保险条例》等法规明确的。1978 年《国务院关于颁发〈国务院关于安置老弱病残干部的暂行办法〉和〈国务院关于工人退休、退职的暂行办法〉的通知》再次予以确认，至今仍在执行。

对于延迟退休方案，人力资源和社会保障部 2017 年 7 月公布的《人力资源和社会保障事业发展“十三五”规划纲要》提出，在“十三五”期间应制定出台渐进式延迟退休年龄方案。延迟退休改革面临重重困阻，官方至今也没有公布延迟退休方案。对此，人力资源和社会保障部指出，延迟退休年龄涉及群众的切身利益，属于重大的政策调整，特别是在当前就业形势依然复杂，就业压力依然较大的情况下。同时，对延迟退休年龄，“不同行业、不同群体还存在一些不同看法”，人力资源和社会保障部“将综合考虑劳动力市场情况、社会的接受程度，根据不同群体现行退休年龄的实际情况，进行深入研究论证，并适时提出方案建议”。这四类群体将受延迟退休政策影响：

第一类：到 2025 年，小于等于 60 岁的男性（1965 年及以后出生的男性）。

第二类：到 2025 年，小于等于 50 岁的女性工人（1975 年及以后出生的女性）。

第三类：到 2025 年，小于等于 55 岁的女性干部（1970 年及以后出生的人）。

第四类：90 后年轻人（1990 年及以后出生的人）。

延迟退休年龄，对“60 后”“70 后”和“80 后”的影响是最大的，对于已经步入社会的“90 后”来说，到退休时已经完全赶上了。

案例解析

延迟退休是我国老龄化社会背景下面临养老支出压力的必然选择。目前的退休制度如果不调整会对我国社保支出和财政带来巨大压力，同时也会造成严重的代际分配

① 资料来源：延迟退休的消息终于来了！人社部最新回应！影响这四类人！［EB/OL］.（2019-11-27）［2020-11-25］. https://www.sohu.com/a/356845175_120147879.

不公。但这一政策对于我国这一人口大国也会带来一定的负面影响。“两害相衡取其轻”，我们必须认识到，延迟退休是一种帕累托改进的政策选择。本案例让学生了解我国养老保险制度产生的背景、制度规定及目前制度运行存在的弊端，从而使学生对延迟退休制度有正确的认识。

思考题

试分析延迟退休可能带来的有利和不利影响。

案例49 城乡居民基本养老保险待遇水平将提高[①]

中央全面深化改革领导小组第二次会议针对养老金政策指出，建立城乡居民基本养老保险待遇确定和基础养老金正常调整机制，要按照兜底线、织密网、建机制的要求，建立激励约束有效、筹资权责清晰、保障水平适度的待遇确定和基础养老金正常调整机制，推动城乡居民基本养老保险待遇水平随经济发展逐步提高，确保参保居民共享经济社会发展成果。

一、养老保险全国统筹开启第一步

全国人力资源和社会保障工作会议提出，2018年，实施基本养老保险基金中央调剂制度。基本养老保险基金中央调剂制度是养老保险全国统筹迈出的第一步。人力资源社会保障部表示，这将均衡地区之间由于人口结构特别是人口的流动导致的抚养比差异过大带来的养老保险负担，调剂余缺，进一步在全国范围发挥养老保险互助共济作用。

二、拟为失业人员代缴养老、医疗保险

全国人力资源和社会保障工作会议提出，继续延长一年阶段性降低社会保险费率政策，做好失业保险条例修订实施工作。人力资源社会保障部2017年11月就《失业保险条例（修订草案征求意见稿）》向社会公开征求意见。与现行条例相比，意见稿中新增了为失业人员代缴基本养老保险费、职业技能鉴定补贴和创业补贴，将医疗补助金调整为代缴基本医疗保险费等内容。

人力资源社会保障部指出：代缴基本养老保险费，解决了失业人员养老保险缴费中断的问题，解除了失业人员“老有所养”的后顾之忧；代缴基本医疗保险费，确保失业人员享受医疗保险待遇，解决了失业人员领金期间“病有所医”问题。

三、部分人可能会增加一份退休收入

自2018年2月1日起，《企业年金办法》将正式施行。企业年金是企业及其职工在依法参加基本养老保险的基础上，通过集体协商自主建立的补充养老保险制度，是我国多层次养老保险制度体系中第二支柱的重要组成部分。根据规定，企业年金所需费用由企业和职工个人共同缴纳。企业缴费每年不超过本企业职工工资总额的8%。职

① 资料来源：推动城乡居民基本养老保险待遇水平随经济发展逐步提高［EB/OL］.（2018-01-24）［2020-10-22］. http://www.witpark.org/nd.jsp? id=299.

工参加企业年金，有利于在基本养老保险的基础上，另外增加一份养老积累，进一步提高退休后的收入水平和生活质量。

四、部分国有资本将继续充实社保基金

国务院公布的《划转部分国有资本充实社保基金实施方案》明确划转比例统一为企业国有股权的10%。方案要求，2017年选择部分中央企业和部分省份开展试点。在总结试点经验的基础上，2018年及以后，分批划转其他符合条件的中央管理企业、中央行政事业单位所办企业以及中央金融机构的国有股权。社保基金获得“输血”，将缓解养老金缺口问题，避免将缺口转移给下一代人，实现代际公平，同时有助于保障养老金按时足额发放，化解人口老龄化对养老保险制度的冲击。

案例解析

基本养老保险、企业年金是我国多层次养老保险制度体系的重要组成部分。如何在保障社保基金安全的同时，确保退休人员的收入水平和生活质量进一步提高，是我国步入老龄化社会需要考虑的问题。养老金的连年上涨，主要有政策与社会现实两方面的原因。《中华人民共和国社会保险法》第二章第十八条的规定，“国家建立基本养老金正常调整机制。根据职工平均工资增长、物价上涨情况，适时提高基本养老保险待遇水平”。随着我国经济发展水平的不断提高，居民人均收入和物价均有一定幅度的上涨，平均工资在近年的上涨幅度甚至超过两位数。作为曾经为国家经济建设做出贡献的退休人员，适度上调其基本养老金：一则可以避免退休人员在退休之后面对物价上涨大幅降低自身的生活质量；二则也让退休人员可以享受到国家经济持续发展的成果，有利于社会和谐稳定。国有资本充实社保基金，是分阶段解决历史遗留问题、防范养老保险资金缺口采取的积极措施。

通过本案例，促使学生关注在人口老龄化情况日益严重的中国，在防范化解人口老龄化产生的系列问题方面，政府、社会、个人承担的职责及政府可能采取的政策措施。

思考题

1. 请分析在防范化解人口老龄化产生的系列问题方面，政府的职责及其可能采取的政策措施。

2. 请分析实施基本养老保险基金中央调剂制度的作用。

案例 50 聚焦省级两会：2018 年地方楼市调控将有这些变化[①]

2018 年省级地方两会正密集召开，截至 2018 年 1 月 25 日，多省份发布的政府工作报告都聚焦了楼市调控，租购并举成为高频词，同时分类调控思路渐趋深入，热点城市趋向“稳房价”、三四线城市坚持“去库存”的政策导向更趋明朗。自 2016 年中央经济工作会议提出“房子是用来住的、不是用来炒的”后，保障居民“住有所居”连续两年成为各地部署房地产市场的重要内容，各类保障性住房供应明显加速。

截至 2018 年 1 月 25 日，安徽、新疆、上海、江西、北京、天津、内蒙古、河南、湖南、湖北、甘肃、西藏、浙江、广东、黑龙江、山东、山西、云南、广西、河北、陕西等 20 余个省（区、市）已召开省级地方两会。

2018 年 1 月，时任北京市代市长陈吉宁在做政府工作报告时指出，落实承租人稳定居住和享受公共服务的各项保障政策，着力推进已供地 290 万平方米共有产权住房和 600 万平方米商品住房建设，建设筹集各类保障性住房 5 万套，完成棚户区改造 2.36 万户。

回顾 2017 年，北京力推了房企自持租赁房、共有产权房、专项配租公租房、集体租赁住房等多类型保障房源，未来此类房源供应将加速又加量。

无独有偶，2018 年，上海将新增供应各类保障性住房 49.3 万套；安徽新开工保障性安居工程 28.18 万套，基本建成 23.75 万套；河南表示将基本建成各类保障性住房 34 万套；在 2018 年湖南要办好的 12 件民生实事中，城镇棚户区改造预计达 27.76 万套；浙江将开工建设棚改安置住房 29.2 万套，建成 19.5 万套；河北年内新开工建设 23 万套住房。

“从各地保障房建设规划来看，今年或出现一波开工建设小高潮，公租房、棚改安置房等都会积极推进，尤其是三四线城市棚改力度的加大，会提升整体保障房建设规模。”易居研究院智库中心研究总监严跃进表示，租赁住房建设将是后续保障房建设的重头戏，商品房、保障房、共有产权房、租赁住房组成的“四元产品”住房供应体系将更加完善。

案例解析

保障性住房是实现居民“住有所居”的重要举措，是民生财政的重要组成部分。

① 资料来源：聚焦省级两会：2018 年地方楼市调控将有这些变化［EB/OL］.（2018-01-26）［2020-10-18］. http://www.chinanews.com/cj/2018/01-26/8433536.shtml.

近年来，各地不断加大保障性住房的建设力度，其中，租赁住房建设将是后续保障房建设的重头戏。本案例让学生思考政府在住宅市场“稳房价、保供给”政策的实践意义。

思考题

在楼市调控中，地方政府应当承担哪些职责？分析政府保障性住房的政策功效。

案例51　消失的香港电动出租车①

比亚迪董事长王传福曾在公开场合称，香港是“全世界最适合使用电动车的地方”，尤其适合使用电动公共交通工具。香港面积不大，少有远程驾驶的需求，而且道路密集，很适合发展电动车。2018年，香港常住人口约722.81万，香港市民采用公共运输方式的频率高，香港的公共运输方式主要包括地铁、出租车、单双层巴士、小巴等；香港现有1.53万辆市区出租车和近3 000辆其他区域出租车，日均载客量近100万人次，用于营运的小巴和巴士日均载客量约580万人次。

香港环境保护署表示，在车辆排放的空气污染物中，约95%来自商用车，推广电动商用车对环境益处良多。但是，香港商用电动车的发展严重不足。到2018年12月，香港登记的电动私家车为11 249辆，轻型和中型电动货车117辆、电动小巴6辆、电动巴士43辆、电动出租车为0，电动商用车占比极小。这些电动车占全部车辆的比例不足2%。

在电动车发展伊始，香港特区政府马力十足，除了试验基金，香港特区政府还对电动车采取税费优惠政策。但税率优惠对出租车司机的吸引力很小。香港的充电设施非常少，且分布极其不均，大多还位于偏远地区。2012年，比亚迪在香港出资建设了11个充电站、50个充电桩，给出租车司机提供免费充电服务，但近年来，香港特区政府一直未有新的充电站规划，现有的充电站规模也不足以支撑电动出租车发挥全部效能，导致纯电动出租车在香港难以继续运营。

与香港毗邻的深圳在电动商用车的发展上非常成功。截至2018年12月25日，深圳拥有2.2万辆电动出租车，基本实现纯电动化，成为全国首个实现公交全面纯电动化的城市，为深圳市节能减排、创建绿色城市做出了巨大贡献。

深圳能在公共交通领域成功推广电动车，主要原因是财政补贴。深圳市政府对购置、使用和推广商用电动车的补贴每辆车超过10万元，约等于司机六折买车（2018年后政策调整，补贴金额有所下降）；深圳市政府通过合理规划和布局，在市区内建设了大量的电动车充电站和充电桩，这使得无论是商用还是私用电动车充电非常方便；此外，政府还对电动出租车减免牌照费，对更换较多电动车的出租车公司增发牌照。

案例解析

本案例的目的是展示政府在推广新能源汽车项目中的不同做法可以导致完全不同的结果。城市车辆尾气排放带来的污染问题具有很大的外部性，仅靠市场机制是无法

① 资料来源：刘雁菲. 消失的香港电动出租车［J］. 财新周刊，2019（5）：62-65.

解决的，政府必须干预。对比香港政府与深圳政府在推广商用电动车上的不同政策导致的不同结果，我们可以看出政府补贴、政府兴建的市政基础设施（电动车的充电桩和充电站）以及政府管理出租车的制度在推广绿色能源、解决车辆尾气污染问题上所发挥的巨大作用。通过本案例，让学生认识到财政补贴及其投向对生产和消费的诱导作用。

思考题

1. 财政补贴在新能源汽车的推广上能起到何种作用？

2. 试述财政补贴的经济与社会效应。你认为香港政府应该样做才能在香港推广商用电动车？

案例 52　特斯拉冲击波[①]

2019 年 1 月 7 日，总投资额达 500 亿元、上海有史以来最大的外资制造业项目，特斯拉电动汽车中国分公司在上海正式落地，特斯拉拿到了中国新能源汽车外资股比限制放开后的首张“门票”。特斯拉 CEO 埃隆 · 马斯克（Elon Musk）站在这里和时任上海市市长应勇一同见证工厂动工。马斯克在个人推特上称，中国工厂要在 2019 年夏天初步竣工，至 2018 年年底，首台国产 Model3 要下线。一名上海市政府官员称，在见证了“上海速度”后，马斯克认为首台车下线时间还可以提前。

中国是全球最大的新能源汽车市场。公安部数据显示，截至 2018 年年底，中国新能源汽车保有量为 261 万辆，约占全球总保有量的一半。现在中国新能源汽车市场由本土品牌把持，特斯拉在中国销售无法享受政府补贴，还需额外承担关税和运输费用。早在 2014 年特斯拉首批车辆交付中国市场时，马斯克就意识到，长远来看，要在中国市场取得成功需要本地化生产。2018 年 4 月，中国公布汽车业对外开放时间表，提出分阶段取消外资股比限制，新能源汽车和专用车在 2018 年率先放开。中国政府希望对外展示开放市场的决心，作为全球标杆电动车公司，特斯拉是最佳选项。

中国新能源汽车产业尚处于发展期，且多年来国内企业严重依赖财政补贴，自主品牌是否真正具备市场竞争力有待检验。

中国从公共交通领域切入推广新能源汽车。2009 年，中国开始实施新能源汽车“十城千辆”项目，主要推广对象是新能源公交车和出租车。当时没有个人消费者愿意购买新能源汽车。2013 年，中国政府加大新能源汽车推广和补贴力度，新能源汽车开始向乘用车过渡。财政补贴政策有利有弊，它撬动了新能源汽车市场，也让企业不顾市场规律，紧盯补贴指挥棒。2013 年至 2015 年，市场上出现大量专为补贴设计的乘用车型，它们多为微型电动车，勉强达到补贴标准，产品简陋，无法吸引个人消费者。部分车企设立一家关联公司，以车辆“左手倒右手”方式完成销售。这些企业只要领取补贴即可覆盖大部分成本甚至获利。2016 年，主管部门开始严查新能源汽车骗补情况。2016 年 9 月，财政部公布了五家新能源客车骗补企业。在一份业内广为流传的“骗补大名单”上，乘用车企业普遍存在“出售给关联方后闲置”的现象。

2019 年 1 月 10 日，全国政协副主席万钢在一个论坛上致辞时评论说：中国新能源汽车已经进入从市场导入期转变为产业成长期的关键阶段。普惠性质的扶持政策将逐步退出，市场竞争成为主要驱动力。究竟是政策多一点，还是市场多一点？业内人士

① 资料来源：特斯拉冲击波［EB/OL］.（2019-02-28）［2020-11-27］. http://weekly.caixin.com/2019-02-15/101380129.html.

把新能源汽车补贴视作关键指标。2019 年补贴细则还未出台，但业内猜测，补贴标准会有较大比例退坡，2020 年之后，补贴将完全取消。行业内已有共识——这两年是由补贴驱动转为市场驱动的过渡期，此前由补贴催生出的泡沫将被挤出。

2018 年，中国有将近 400 家新能源汽车企业，产能严重过剩。公开数据显示，2017 年，全国各地宣布的新能源汽车新建项目总投资额高达 4 500 亿元，规划产能 1 100 万辆。2018 年，中国汽车技术研究中心数据显示，全国新增新能源汽车整车项目近 40 个，总投资超过 2 500 亿元，规划总产能 600 余万辆，其中大部分为新能源乘用车项目。市场实际销量和产能数据严重失衡。据中国汽车工业协会统计，2018 年全国总共销售新能源汽车 125 万辆，2019 年和 2020 年的预测规模分别是 150 万辆和 200 万辆。据权威部门统计，2016 年中国列入新能源汽车示范推广目录的车型共 3 411 款，产量达到 1 000 辆以上的却只有 77 个。而同年特斯拉仅凭两款车型，就在全球售出 7.6 万辆。

2016 年 7 月，时任国务院副总理马凯在一次座谈会上提醒，中国新能源汽车前期发展是靠补贴支撑，这是必要手段，但要实现可持续发展，需要具备两个竞争力。一个是新能源汽车在没有补贴的情况下，相对燃油车究竟有没有竞争力？一个是中国新能源汽车企业是否具备国际竞争力？特斯拉国产恰好踏在一个转折点上。在中国，补贴保护伞功能正逐步消解，特斯拉此时独资国产，将成为检验中国新能源汽车竞争力的试金石。

案例解析

中国政府扶持新能源汽车发展，初衷是避开中国不占据优势的传统燃油汽车，实现汽车工业“弯道超车”。早期的财政补贴在促进新能源汽车生产、消费方面发挥了积极作用，但地方政府各怀心思，都希望在自己的地盘上打造出“中国特斯拉”，导致传统汽车“散乱差”的局面原样复制到新能源汽车领域。因此，未来我国新能源汽车重新整合布局成为必然，而我国新能源汽车能否具备竞争力根本上取决于技术和成本优势。本案例让学生正确认识财政补贴的作用，财政补贴既有积极作用，也无法避免会出现消极影响。如何趋利避害，可能需要中央政府对地方政府行为进行适度干预，以保证宏观经济稳定、促进资源有效配置。

思考题

过多、过滥运用财政补贴手段会出现哪些消极作用？

案例53　垄断重罚首案：山东两药商控制原料罚700万①

山东两药商操盘药品原料，导致一种国家基本药物几乎断供，国家发展改革委对其开出巨额反垄断罚单。此事件也暴露了药物生产流通领域资本操纵市场的乱象。

2011年11月14日，国家发展改革委官网发布《两医药公司垄断复方利血平原料药受到严厉处罚》公告称，山东潍坊顺通医药有限公司（以下简称“山东顺通”）和潍坊市华新医药贸易有限公司（以下简称“山东华新”）非法控制复方利血平原料药，哄抬价格、牟取暴利，致相关制药企业停产，触犯了《中华人民共和国反垄断法》《中华人民共和国价格法》，对其做出没收违法所得并处罚款，其中山东顺通合计687.7万元，山东华新合计15.26万元。这是国家发改委价格监督检查司更名为价格监督检查与反垄断局以后，开出的第一张罚单。

复方利血平片是国家307种基本药物之一，用于治疗高血压，患者必须终身服用。2011年以来，就陆续有广州等地的患者反映，在社区医院和零售药店都买不到复方利血平片。

根据国家食品药品监督管理总局数据库，获得复方利血平片生产批文的共有68个厂家，但常州制药厂（上海医药旗下）、亚宝药业、中诺药业（石药集团旗下）、山东新华制药四家企业的市场份额占到该药市场的75%以上。常州制药厂等厂商解释供应紧张的原因：复方利血平片原料药盐酸异丙嗪供应厂家收窄，价格成倍提升，而制剂产品中标价太低，出现价格倒挂无法生产。

复方利血平片是很廉价的药品，100片/瓶最高零售价8.5元。国家基本药物执行地方政府集中采购，复方利血平片的采购中标价各地有所不同，但基本在4元以下，如2011年山东中标价为3.9元，内蒙古中标价为3.09元。

根据国家发改委的调查，盐酸异丙嗪的供应和价格异动，正是源自山东顺通和山东华新同为数不多的供应商签订了所谓“独家代理协议”。国家发改委公告称，2011年6月9日，山东顺通和山东华新分别与两家盐酸异丙嗪生产企业签订产品代理销售协议书，垄断了盐酸异丙嗪在国内的销售。协议书内容主要有：一是两公司分别独家代理两家企业生产的盐酸异丙嗪在国内的销售；二是未经过山东顺通、山东华新授权，这两家企业不得向第三方发货。常州制药厂总经理唐健透露，同山东顺通与山东华新签订独家代理协议的是东港市宏达制药有限公司（以下简称“东港宏达”）与丹东医

① 资料来源：垄断重罚首案：山东两药商控制原料罚700万［EB/OL］.（2011-11-15）［2020-12-22］. https://www.yicai.com/news/1198595.html.

创药业有限责任公司（以下简称“丹东医创”）两家原料厂商，在2011年6月以前，常州制药厂一直是从上述原料厂商直接进货的。据丹东医创相关人士透露，盐酸异丙嗪全国只有几家企业能做，当时山东顺通找到公司，开出了近300元/千克的价格。“之前我们和顺通并没有合作关系，盐酸异丙嗪也一直是亏本在卖，看到这个价格比较合理，我们就由它代销了。”

通过独家代理制垄断原料之后，山东顺通与山东华新开始大幅提高销售价格，由每千克不足200元提高到300~1 350元不等，最高甚至到2 600元/千克，并与几大下游厂家谈判逼其采购。据了解，只有一两个全国产品中标情况较好的企业接受了高价原料采购，多家复方利血平生产企业无法承受，被迫于2011年7月陆续停产，仅靠库存向医院供货。

复方利血平几大生产企业均认为，山东这两家药商是经过充分的市场调研之后，才做出垄断行为的。“山东顺通和山东华新已经不是一次用此类手法垄断原料，2010年，山东顺通就曾经用同样手法垄断基本药物维生素K1注射液的原料。”亚宝药业一位人士说。

实际上，盐酸异丙嗪这一原料药对应的基本药物不仅只有复方利血平片，还有抗变态反应药物盐酸异丙嗪片，但因为价格太低（100片/瓶1.5元左右），全国150多家生产企业大部分都已经停产。而原料药盐酸异丙嗪全国仅有5张生产批文，分别为常州康普、辽源迪康、丹东医创、东港宏达及大连旅顺合成制药厂。但因为原料药行业原辅料、环保等生产成本压力高企，2011年以来，只有东港宏达与丹东医创继续生产盐酸异丙嗪，其他3家已经停产。

石药集团一位销售总监认为，复方利血平片是个小品种，生产企业不多，原料提供商更少，产业链上各环节又长期处于亏损状态。这样的品种很适合价格操纵，垄断提高市场价。但按照国家基本药物招标制度，基本药物招标一年一次，中标价格也是一年才能调整，根本不可能短期内提高中标价。推高原料价格，成品药采购价却不会迅速跟上，最终的结果就是供应紧张。

业界认为，复方利血平片案折射出包括基本药物在内的廉价药供应保障机制的脆弱性。亚宝药业副总经理汤柯认为，目前基本药物招标价格压得太低，品牌厂家按照低价难正常生产供应；如果给基本药物整个供应链留出合理的利润空间，参与生产基本药物的企业就会多一些，也会有更多的原料生产厂家参与，出现原料垄断的可能性就会降低。

案例解析

对山东顺通和山东华新的处罚是在《中华人民共和国反垄断法》颁布后开出的首张重罚罚单，具有里程碑意义。垄断对厂商生产行为、对消费者利益造成的不良影响在本例中有了清楚的描述。通过本案例，一方面让学生了解反垄断立法的政策效果；

另一方面引导学生思考不同治理垄断措施的政策效果。同时，思考在基本药物产业链中药品定价思路该如何调整。

思考题

垄断的治理手段有哪些？比较不同治理手段的政策效果。

案例 54 微软公司垄断案大回放[①]

欧盟和微软"垄断"争议协商破裂后，2012 年 3 月 24 日，欧盟在布鲁塞尔正式宣布微软垄断罪成立并处以 6.13 亿美元罚款，欧盟同时要求微软在 90 天的时间期限内对 Windows 操作系统进行修改，将微软媒体播放器从 Windows 操作系统中剔除出来。此举对微软到底意味着什么？微软到底怎么了？我们来看看微软垄断案是如何从大西洋彼岸美国来到欧洲进而有可能走向世界的故事……

一、微软垄断案事件起源

20 世纪 70 年代初，创建不久的微软公司充其量也不过是一家为个人电脑编写基础软件的小公司。1980 年，该公司被国际商用机器公司（IBM）看中，选择其为 IBM 生产的个人电脑编写操作系统，微软从此跨入超常规发展的轨道，并逐渐演变为全球磁盘操作和视窗操作软件制造领域的霸主。

由于微软公司发展速度之快过于引人注目，抑或是微软公司经常被告上知识产权法庭的"名声"，早在 1991 年，美国联邦贸易委员会就对微软公司是否把 DOS 系统与应用软件捆绑在一起销售首开调查记录。后来，鉴于微软有违美国反垄断法之嫌疑，由美国司法部接手继续调查。

这一时期正值微软开发"Windows95"操作系统之际，美国司法部决定把调查重点放在微软"Windows95"系统上。1994 年 7 月，微软与联邦司法部双方经多次讨价还价达成一项约束性文本协议，根据这项协议，微软公司在向个人电脑制造商发放"Windows95"使用许可证时不能附加其他条件，但该裁决并没有阻止微软开发集成产品，这为微软公司在以后的市场扩张中留下了一个不明不白的由头，也为旷日持久的微软垄断案留下了伏笔。这个调解裁决的原文是："这个条款本身不应被解释为、也不应自然而然地被理解为禁止微软公司发展集成产品。"

1995 年，当比尔·盖茨发现网景公司的 Navigator 网络浏览器在未来有可能发展成操作平台从而威胁其对操作系统市场的垄断时，很快开发出自己的网络"探索者"浏览器（Internet Explorer），并在产品销售活动中实际上把它作为个人计算机制造商申请 Windows95 使用许可证的条件，配备在操作系统软件中推出，还在其所有操作系统中加入微软的因特网浏览功能，将 IE 浏览器软件免费提供给电脑制造商。美国网景公司无力阻止比尔·盖茨的强力攻势，业绩下滑，从此一蹶不振，最终在 1998 年被美国在线收购。

---

① 资料来源：微软公司垄断案大回放［EB/OL］.（2012-06-06）［2020-09-25］. http://news.cri.cn/gb/321/2004/04/08/762@123690.htm.

此事在1997年再一次引起美国司法部的关注。美国司法部经过调查核实，最终于1997年10月20日向哥伦比亚特区联邦地区法院提起民事诉讼，指控微软公司违反1995年的调解裁决，利用其视窗操作系统的垄断地位保护并扩展这种垄断，不正当地要求个人电脑制造商安装微软公司的“探索者”浏览器，同时剥夺用户的选择权。

二、一波三折的微软垄断案判例

1998年年初，联邦地区法院法官托马斯·杰克逊做出正式裁决：微软公司强迫个人计算机制造商使用“探索者”浏览器，违反了与联邦政府达成的调解协议，因此命令该公司从“Windows95”操作系统中拆除“探索者”浏览器。微软公司一方面向哥伦比亚特区巡回法院提出上诉；另一方面为了表示“服从”法官命令，将“探索者”浏览器（IE3.0）软件免费提供给使用“Windows95”操作系统软件的电脑制造商，同时加紧开发新版“探索者”浏览器（IE4.0），并将其配备进当时即将推出的“Windows98”操作系统，以形成“一体化”的新版视窗操作系统。

1998年5月12日，鉴于“Windows98”发售在即，哥伦比亚特区巡回法院做出部分裁定：由于司法部提不出任何证据证明“Windows98”不是集成产品，“Windows98”可以免受1995年调解裁决的影响。6月23日，该巡回法院又对此案做出终审裁决：哥伦比亚特区联邦地区法院对微软公司的禁令不仅在程序上是错误的，而且禁令本身也是错误的，“法院不是软件设计师，不应卷入高技术产品的设计”。这样，微软终于赢得了那场官司。

哥伦比亚特区巡回法院1998年5月12日做出部分裁定后，输了官司但却决心要让微软服法的美国联邦司法部立即做出反应，转而以违反联邦反垄断法的罪名重新起诉微软。

之后，经过长达两年的审理，2000年4月3日，杰克逊法官公布了对此案的法庭结论：微软公司从事了“排他性的、反竞争的和掠夺性的行动以保持它的垄断权力”，企图垄断网络浏览器市场，违反了《谢尔曼反托拉斯法》。此后，又经过两个月对有关如何惩罚微软的建议听证，杰克逊法官于2000年6月7日做出了对微软垄断案的正式判决：命令微软公司一分为二，其中一个负责生产和销售Windows操作系统软件，另一个生产和销售应用软件等其他产品；严禁微软公司因个人电脑制造商采用其他竞争公司的产品或与其他竞争公司交易而对其进行报复；对Windows操作系统实行统一定价；给电脑制造商以自由采用Windows操作系统的权利；禁止微软公司以销售Windows产品为条件来销售网络浏览器等其他产品；禁止微软与其潜在的竞争对手达成瓜分市场的协议等。

2001年9月6日，美国司法部表示，美国政府将不再要求微软一分为二，并将尽快地为已经耗时三年的微软垄断案找到一个解决办法。美国司法部在一份声明中称，美国政府同时也放弃追究微软将IE浏览器与Windows操作系统捆绑销售的责任。声明称："司法部已经通知微软公司，它将向美国地方法院撤回分拆微软的请求。"

2001 年 11 月 1 日美国司法部和微软公司最终达成了一项临时性协议，宣布就"美国诉微软公司垄断案"双方进行庭外和解。至此，持续四年之久的"微软垄断案"终于在美国暂告一段落。

三、微软垄断案反思

微软之所以能控制操作系统的绝大部分市场，主要得益于美国知识产权的保护。微软的产品都是靠着相应的知识产权的保护才得以在世界各地销售，获得巨额利润。然而微软通过与经销商签订排他性协议，滥用其垄断地位。当然，在知识产权领域的垄断比较复杂，因为知识产权本身即为合法垄断。但是，知识产权这种独占权往往会使得其拥有者在某一特定市场上形成垄断或者支配地位，限制了该市场的竞争，尤其是，在某些情况下拥有知识产权的人可能会滥用其依法获得的独占权，通过不正当地行使知识产权来非法限制竞争，从而违反反垄断法。尤其是在知识经济时代，知识产权在经济和社会发展中的地位和作用越来越重要，相应地，知识产权领域中的反垄断问题也将会越来越突出。

案例解析

市场效率以完全竞争为前提。完全竞争市场要求每一个市场都拥有众多的买者和卖者。垄断和寡头垄断的存在，限制了竞争，阻碍了生产要素的充分流动，造成资源配置低效。各国政府采取积极措施治理垄断，征收超额税收、公共定价、反垄断立法等都是常见的治理垄断的手段。

本案例让学生理解垄断的效率损失，比较反垄断立法与其他手段在治理垄断方面的政策效果，同时思考在知识产权领域反垄断的利弊。

思考题

微软公司的垄断产生的原因是什么？导致的后果是什么？如何化解？

公共收入篇

案例 55　我国一般公共预算收入呈先降后升变化

1978—2015 年，我国一般公共预算收入变化，及其占 GDP 比重的变化如图 5 所示。

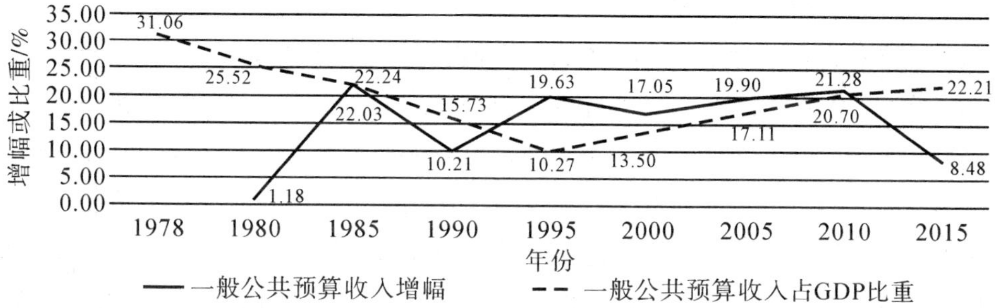

图 5　1978—2015 年我国一般公共预算收入及占 GDP 比重变化

案例解析

案例资料显示，自改革开放以来，我国一般公共预算收入占 GDP 的比重先降后升。希望学生能通过上述数据从较长时期了解我国一般公共预算收入变化趋势及其政治经济社会背景，并进一步思考一般公共预算收入占 GDP 比重的上升会带来的影响。

思考题

一般公共预算收入占 GDP 比重的提升会产生什么影响？（尽可能从收、支两个角度去思考）

案例56 我国国有土地使用权出让收入[①]

自20世纪90年代分税制改革后，地方财政收入的相对不足导致地方政府转向土地经营，以此弥补城市建设的支出，土地出让收入基本划归地方政府，实践过程中逐渐演变成地方的第二财政，也被外界俗称为“土地财政”。

从历史来看，我国对土地出让收支的管理也经历过一番变革。

1995年至2007年之前，土地出让收入先纳入预算外专户管理，再将扣除征地补偿和拆迁费用及土地开发支出等成本性支出后的余额缴入地方国库，纳入地方政府性基金预算管理。2007年1月1日起，各地土地出让收支全额纳入地方基金预算管理。收入全部缴入地方国库，支出一律通过地方基金预算从土地出让收入中予以安排，实行彻底的“收支两条线”。在地方政府性基金预算之中，土地出让收入和支出均是大头，一般占八到九成。自2008年起，包括土地出让收支情况的地方政府性基金预算，开始写入财政部每年全国两会期间向全国人大提交的预算报告之中。

《国务院办公厅关于规范国有土地使用权出让收支管理的通知》规定土地出让收入使用范围主要包括：①征地和拆迁补偿支出；②土地开发支出；③支农支出；④城市建设支出；⑤其他支出。

自2011年至2018年，全国土地出让收入分别为33 166亿元、28 422亿元、41 250亿元、42 940亿元、32 547亿元、37 457亿元、52 059亿元和65 095.85亿元。同样是财政部数据，2018年地方一般公共预算本级收入97 905亿元。简单计算，2018年土地出让收入约为同期地方一般公共预算的66.48%，而2017年的比例为56.9%。

案例解析

“土地财政”问题近十余年来引起越来越多人的关注，究其原因，主要是地方财政对土地财政依赖度持续攀高，并进而成为推高房价的导火索。国有土地使用权出让收入是“土地财政”最直接的组成部分。分析案例中的数据可知该问题的严重性，从而使“土地财政”成为需要重点关注的主要财政现象之一。本案例使学生理解地方财政收入的构成、地方政府对“土地财政”的依赖度，以及“土地财政”对地方财政的可持续性带来的影响，进一步可以让学生扩展性地思考房产税改革与国有土地使用权出让收入之间的关系，以及房产税改革的法理依据。

① 资料来源：全国土地收入去年6.5万亿 钱都花去哪了？[EB/OL].（2019-03-21）[2020-11-25]. http://finance.sina.com.cn/roll/2019-03-21/doc-ihtxyzsk9155411.shtml.

思考题

改革开放以来我国财政收入发展变化特征及背后的原因分析。

案例 57 中国特色收费公路政策功不可没[①]

20 世纪 30 年代，美国提出了建设纵贯全国连接各州的州际国防公路战略构想，50 年代通过建立燃油税及信托基金制度，历经 40 余年，完成了 20 世纪最伟大的工程，近 8 万千米的高速公路系统，支撑着这个世界强国的经济繁荣和国民的荣耀。

30 年前，中国的交通人也曾有过建设一个像美国一样发达的公路交通系统的伟大梦想，这个梦想仅用 30 年就得以实现。目前，以 10.44 万千米高速公路为主骨架，总规模达到 435.62 万千米的公路系统，已经为中国实现两个一百年奋斗目标铺就坚实基础。回顾公路的辉煌成就，公路建设投融资政策创新——中国特色收费公路政策功不可没。

“还没有任何其他国家，能够在如此短的时间内，大规模提高其道路资产基数。”这是世界银行在 2006 年对中国公路交通基础设施发展速度做出的评价。7 年过后，当我们的高速公路达到 10.44 万千米的时候，世行专家给出了更高的评价：“在构建现代化高标准的国家公路网、推进区域经济一体化发展和促进社会团结方面，中国处于全球领先地位。”

公路的基础性作用是巨大、长期和持续的，其建设和维护的资金需求也是巨大、长期和持续的。世界各国政府在提供公路基础设施的过程中都面临这样一个艰难的选择，就是让全民通过付税还是让使用者通过付费来承担这项长期的责任。美国选择了开征燃油税的融资方式解决了大部分的建设维护资金，而日本、法国、意大利等国则选择了用路者付费的融资方式。印度、俄罗斯因难以抉择和财政的不足而使公路网的建设踌躇不前。我国最终选择了收费公路政策，并在实施的 30 年期间不断调整修订和改进这项政策。

当前，我国已经成功地利用收费公路政策初步建成了崭新的规模巨大的公路基础设施网络。但是，应如何继续完成剩余的规划目标以及管理和维护好这一庞大的宝贵资产，以支撑两个百年梦想的实现值得我们思考。因此，在激烈讨论我国的某条高速公路该不该到期停止收费的具体事件时，更应该对未来的公路资金政策有一个总体设计。收费公路政策也应该在新的发展阶段背景下，重新定位并尽快修订，以确保未来 30 年的可持续性。

2015 年，交通运输部向社会公布了《收费公路管理条例》(修订征求意见稿)，2018 年又公布《收费公路管理条例》(修订草案)，再次征集意见。修订草案的指向非

---

① 资料来源：中国特色的收费公路政策功不可没［EB/OL］.（2014-12-24）［2020-09-28］. http://www.mot.gov.cn/zhengcejiedu/2013shoufeigltjgb/meitibaodao/201510/t20151014_1900940.html.

常明确：取消现行《收费公路管理条例》中的公路收费年限规定，收费期限以路网实际偿债期确定；而政府还贷结束，或经营性公路的经营期届满后，高速公路也将继续收费下去，实行养护管理收费。

案例解析

其实世界上并没有真正意义上的免费公路，只有“收税公路”和“收费公路”之分；任何国家的公路基础设施从来都不是无偿提供的，在资金需求总量一定的情况下，公路的收费和收税之间完全是此消彼长的关系。可以说，一些媒体在呼吁取消收费的同时，实质上也是在呼吁加税。国外收费公路数量少是因为专项税收充足，建设周期长，建设强度低，还有大部分国家的国土面积小，其高速公路总量和需求本来就很少；而我国专项税收严重不足，且高速公路建设需求大，建设周期短，建设强度高，国土面积又决定了高等级公路里程规模与其他国家没有可比性。

在资金匮乏的年代，“以费养贷”模式极大地扩展了我国公路建设的投资来源，曾为高速发展时期的基础设施建设做出了巨大贡献。而且，高速公路“谁用谁付钱”也比用公共财政统一支付更加公平，能避免“不用的人补贴用的人”“穷人补贴富人”的情况，这都是无可否认的。

在行路难、行车难已经成为历史的今天，一些人开始谈论“中国的收费公路最多、国外的公路都不收费”，并以此质疑国务院出台的收费公路政策。其实，他们忽略了另一层含义，那就是“中国的非收税公路最多”。因为除了政府还贷公路的少量资本金外，我国收费公路的建设和养护资金完全来自贷款、有偿集资、社会投资和通行费收入等“非税收资金”。我国在财政资金严重不足的情况下，能建成如此多的高等级公路，支撑经济社会的快速发展，其实是非常了不起的成就。世界银行关于中国高速公路的发展研究报告指出：“在这一史无前例的高速公路网扩展的同时，一级和二级公路在中央政府和地方政府的协作努力下持续发展。还没有任何其他国家，能够在如此短的时间内，大规模提高其道路资产基数。”

本案例让学生能从公平和效率两方面考虑高速公路建设和维护是由税收解决资金需求还是采取收费方式，从而进一步明确税和费的区别。同时引导学生对我国未来基础设施项目建设的制度走向进行思考。

思考题

1. 通过比较税收和收费的不同，从公平和效率两个角度分析高速公路建设和维护应该采取收费还是征税的方式筹集资金。

2. 目前有相当多的言论支持收费到期的高速路应该停止收费，你对此持什么态度？为什么？如果继续收费，你认为应做好哪些方面的工作？

案例58　管仲和墨子的理财思想比较

管仲认为："凡治国之道，必先富民。民富则易治，民贫则难治。奚以知其然也？民富则安乡重家，安乡重家则敬上畏罪，敬上畏罪则易治也。民贫则危乡轻家，危乡轻家则敢陵上犯禁，则难治也。故治国常富而乱国常贫，是以善为国者必先富其民，然后治之。"

墨子则认为："官府实而财不散，万民富。"

案例解析

管仲主张的是民富则国强的理财思想，主张百姓富足才能实现国家富强。墨子则认为国家富强才有百姓富裕。这实际上是"小河有水大河满"和"大河满小河才有水"这两种财政理念的冲突。从国家层面来看，不同的理财思想将在国家治理层面影响对民富、国强的认识，从而体现在不同的公共政策的选择上，尤其体现在财政收入的制度选择上。本案例引导学生思考什么样的财政收入思想是有利于社会经济长期持续发展的。

思考题

你对上述两种理财思想如何认识和评价？

案例 59　机场建设费换“马甲”——民航发展基金[①]

2012 年 4 月财政部颁布了《民航发展基金征收使用管理暂行办法》，从 4 月 1 日起征收民航发展基金，由原来的民航机场管理建设费（俗称“机场建设费”）和民航基础设施建设基金（航空公司缴纳）合并而成，原征收标准不变，仅征收后的使用范围有所扩大。

2007 年颁布的《民航机场管理建设费征收使用管理办法》规定，机场建设费的征收标准为：乘坐除支线航班以外的其他国内航班旅客每人次 50 元；乘坐国际及我国香港、澳门、台湾地区航班的旅客每人次 70 元。

《民航发展基金征收使用管理暂行办法》取消了国内支线航班的机场建设费，同时在国际航线中增加了一项旅游发展基金，修改之后的国际航班机场建设费征收标准由 70 元增至 90 元。

根据《民航发展基金征收使用管理暂行办法》，此次合并后，民航发展基金的使用范围将比原先的机场建设费和民航基础设施建设基金有所扩大：除用于传统的机场、基础设施建设外，还将对货运航空、支线航空、国际航线、中小型民用运输机场（含军民合用机场）进行补贴；以及用于民航节能减排，通用航空发展，民航科教、信息等重大科技项目研发和新技术应用等。

案例解析

行政性收费和政府性基金都是政府为提供特定公共产品和服务，参与国民收入分配和再分配的一种形式，是政府筹集资金的一种手段，是政府非税收入的重要组成部分。两者在资金收取方式、收入来源、资金使用方式等方面都存在不同。本案例一方面让学生了解我国政府财政收入的构成方式；另一方面让学生进一步了解行政性收费、政府性基金和税收的区别。

思考题

机场建设费和民航发展基金的收费依据是什么？这项收费是否能改为征税的方式？

① 资料来源：机场建设费换个马甲继续收，变身为民航发展基金［EB/OL］.（2012-04-18）［2020-10-29］. http://news.sohu.com/20120418/n340866771.shtml.

案例60 关于调整本市一般工商业销售电价有关问题的通知①

根据《国家发展改革委关于降低一般工商业电价的通知》（发改价格〔2019〕842号）要求，经市政府同意，现就调整本市一般工商业销售电价有关事项通知如下：

一、2019年7月1日起，本市城区、郊区（含北京经济技术开发区）一般工商业用户电度电价（除低谷时段电价外）每千瓦时下调2.63分。

二、市电力行业主管部门要积极扩大一般工商业用户参与电力市场化交易的规模，通过市场机制进一步降低用电成本。

三、电网企业及商业综合体、产业园区、写字楼等各转供电主体应当加强自律，做好对用户的政策告知服务工作，严格按照规定标准及执行时间落实降价政策，切实将降低一般工商业电价政策红利传导至终端用户。对于转供电环节不合理收费、不及时传导等问题，市场监管部门将依法查处。

四、北京市发展和改革委员会《关于调整本市一般工商业销售电价有关问题的通知》（京发改〔2019〕445号）自2019年7月1日起废止，其他凡与本通知规定内容相抵触的以本通知为准。

案例解析

降低一般工商业电价是新一轮减税降费的政策之一。根据国家发展改革委的要求，各地纷纷下调当地一般工商业电价，以降低企业成本，减轻企业负担。减税降费政策是在我国经济下行态势下，为适应供给侧结构性改革，降低企业负担，提高企业竞争力的重要举措。其理论依据可参考供给学派的政策主张。通过本案例，让学生了解供给学派的政策主张及其实践意义，让学生理解在经济下行态势下使企业轻装上阵对促进经济持续发展的重要意义。

思考题

减税降费的理论依据是什么？结合我国实际分析减税降费的现实意义。

---

① 北京市发展和改革委员会关于调整本市一般工商业销售电价有关问题的通知［EB/OL］.（2019-05-30）［2020-10-29］. http://www.beijing.gov.cn/zhengce/zhengcefagui/201905/t20190531_82985.html.

案例61　今年减税降费力度空前[①]

力度空前的减税降费，是2019年积极财政政策中的重要举措之一。2019年以来，从年初的个税、小微企业普惠性税收减免，到4月1日增值税、5月1日社保费调整，再到7月1日新一轮3 000亿元降费……一系列减税降费政策聚焦市场主体的痛点和难点，为经济高质量发展增添动力。仅2019年上半年，全国累计新增减税降费11 709亿元，其中减税10 387亿元。

“真金白银”减税的背后直接体现为政府减收。财政部最新数据显示，受减税降费政策效应持续显现等因素影响，2019年前8个月，财政收入同比增长3.2%，增幅同比回落6.2个百分点。其中，全国税收收入同比下降0.1%，为年内首次负增长。另外，个人所得税同比下降30.1%。

地方财政收入亦受到影响。比如，2019年上海市前8个月一般公共预算收入完成5 600.2亿元，比2018年同期增长0.2%。2019年北京市前8个月一般公共预算收入4 051.9亿元，同比下降1.4%。跟2018年同期收入增速相比，两市财政收入增速回落了约7个百分点。

北京市委副书记、市长陈吉宁昨日在国新办新闻发布会上介绍，在地方权限范围内，各项税费减征在北京都是顶格实施。比如说，按50%最高幅度减征小规模纳税人“六税两费”。2019年前8个月，新增减税降费1 368亿元，企业和个人普遍得到实惠，预计全年减税降费近1 800亿元，数额居全国各省（区、市）之首。

许宏才认为，在企业受益的同时，政府财政收入增幅明显减缓，一些地方财政收支紧张。在这种情况下，更要加强预算绩效管理，大力压减一般性支出，把低效无效资金省出来用于急需的领域，切实优化财政支出结构，提高财政资金使用效益。

减税降费对于减轻企业负担，着眼“放水养鱼”，激发市场活力，增强发展后劲作用明显。

国家统计局新闻发言人付凌晖表示，2019年1—8月份，规模以上工业增加值增长5.6%，高技术制造业增长8.4%，保持了持续稳定增长的态势。从下阶段来看，工业生产保持稳定还是有比较多的有利条件。工业升级发展的态势在持续，一系列支持工业发展的政策效果也在持续显现，2019年大规模减税降费将为企业提供很好的支撑。

2019年上半年减税占了减税降费金额的九成，随着降费政策在下半年的密集实施，地方降费力度将明显加大。2019年9月，16个国务院督查组分赴16个省（区、市）

① 资料来源：今年减税降费或超2万亿元 企业获得感较高［EB/OL］.（2019-09-20）［2020-11-29］. http://news.cnstock.com/news,yw—201909-4432614.htm.

进行实地督查，其中对减税降费工作情况进行专项督查。这也意味着，政府要求各地不折不扣实施减税降费举措的力度仍不会减弱。

案例解析

“减税降费”是配合供给侧结构性改革顺利实施的重要举措。自 2008 年美国次贷危机以来，我国减税降费的力度逐渐加大，2018 年以来又实施了以中小微企业为主要对象的减税降费政策。持续大力度的减税降费政策在减少政府的市场干预、促进公平的市场竞争、促进我国经济结构调整、繁荣市场、促进就业等方面都发挥了积极的作用。本案例希望学生关注我国近年来实施的减税降费政策实践，同时能运用供给学派的减税理论分析我国减税降费政策意图，从而使学生对国家宏观政策的调整有正确的认识。

思考题

结合现实思考我国此轮减税降费的政策意图。

案例 62 PPP 模式可能形成新的政府隐性债务①

全国政协委员、十二届全国政协副秘书长、民建中央原副主席宋海在 2018 年 3 月谈及地方政府债务风险时表示，地方政府债务带来的财政金融风险已经成为当前经济运行中最主要的风险之一，应当多措并举，化解风险。

他介绍，虽然通过实行债务置换等一系列措施，有效防范化解了地方政府债务风险，但地方政府违法违规或变相举债屡禁不止，风险仍不容忽视。呈现出几个特征：一是举债规模较大。根据 2016 年数据，我国地方政府债务率虽低于国际警戒线，但一些地方在法定限额外违法违规或变相举债，导致实际债务负担较重。二是举债主体多样，隐蔽性强。地方政府举债主体除了政府部门和机构，还包括融资平台公司、经费补助事业单位、公用事业单位等。同时，基础设施建设债务占比高，举债手法多样，隐蔽性强，监管难度大。三是通过城投债和政府项目形成新的债务。2016 年数据表明，城投债总发行量、总偿还量、净融资额均很高。特别是越来越多的城投公司选择在境外发债，形成新的政府隐性债务。政府和社会资本合作项目（PPP 模式）、政府购买服务、政府基金等通过额外附加条款等变相举债，可能形成新的政府隐性债务。

为推动地方政府债务管理法治化，有效化解地方政府债务风险，他建议采取五方面措施：

第一，要严格地方政府债务管理。落实国务院 43 号文件规定，严格规范地方政府举债融资机制，严厉制止地方政府违法违规融资。设立地方政府债务管理机构，将地方政府债务纳入统一的管理体系，合理调节资金流向。加强预算管理，强化预算规则，科学制定债务规划，建立健全相关管理制度。

第二，应当规范地方政府融资行为。按规定发行地方政府债券和设立政府引导基金。加快推进政府融资平台公司转型为市场化的国有企业，依法合规开展市场融资。严格禁止政府违规担保行为。硬化预算约束，决不允许在法定程序批准的限额外违法违规或变相举债搞建设，决不允许只考虑花钱、不考虑还钱，决不允许把“政绩”留给自己，把风险推给上面或留给后人。

第三，要科学界定地方政府事权。按照财力与事权匹配原则，合理划分地方政府事权和支出责任。研究推进资本预算管理，规范政府长期支出安排，强化法律约束。

第四，要规范发展政府项目。宋海表示，要科学发展 PPP 模式，制定相应的法律法规，打通二级市场并拓宽退出渠道，实现政府和社会资本利益共享、风险共担。严

① 资料来源：PPP 模式可能形成新的政府隐性债务［EB/OL］.（2018-03-08）［2020-11-23］. https://www.shobserver.com/news/detail? id=81999.

禁回购、承诺最低收益、承担社会资本的投资损失、对有限合伙制基金等额外附加条款的变相举债。对于只承担公益性项目建设或运营的融资平台公司，严禁以财政性资金、国有资产抵（质）押或作为偿债来源进行融资等行为；严禁将储备土地、公益性资产注入融资平台公司，承诺将预期出让收入作为偿债资金来源，或以政府及其所属部门的文件、会议纪要、领导批示等形式要求或决定企业变相举债。

第五，强化监督问责也不能忽视。宋海建议，将地方政府债务纳入预算，由地方人大审查批准。完善地方政府信息披露制度，定期向社会公众通报债务的借、用、偿还情况。整合各方面监督力量，实施地方政府债务精准监督，对违法违规行为“发现一起、查处一起、问责一起”。

案例解析

由地方政府债务产生的财政金融风险已经成为我国当前经济运行中最主要的风险之一，防范化解系统性金融风险是我国面临的一项重要经济工作。PPP 模式是公共基础设施中的一种项目运作模式。在该模式下，鼓励私营企业、民营资本与政府进行合作，参与公共基础设施的建设。但如果运作不规范，也可能形成新的地方政府隐性债务。明确地方政府债务的成因，有助于化解地方政府债务风险。本案例一方面让学生认识到地方政府债务可能引发的风险；另一方面促使学生思考我国地方政府债务的成因，从而为化解地方政府债务风险提供有益的思路。

思考题

地方隐性债务的成因有哪些？如何化解地方政府债务风险？

案例63　PPP监管不断加码是形势所迫①

PPP模式是公共基础设施建设中的一种项目运作模式。在该模式下，鼓励私营企业与政府进行合作，参与公共基础设施的建设。PPP不仅是一种融资手段，而且是一次体制机制变革，涉及行政体制改革、财政体制改革、投融资体制改革。

但随着PPP热潮高涨，一些不规范的PPP项目逐渐“浮出水面”。财政部副部长、PPP工作领导小组组长史耀斌曾坦言，一些地方政府通过PPP、政府购买服务等方式变相举债，导致债务规模增长较快，债务率甚至超过了警戒线，形成潜在的风险触发点。

对此，2017年5月3日，财政部联合国家发展改革委等五部门发布《关于进一步规范地方政府举债融资行为的通知》，明确严禁政府投资基金“明股暗债”等方式违法违规举债，“金融机构为融资平台公司等企业提供融资时，不得要求或接受地方政府及其所属部门以担保函、承诺函、安慰函等任何形式提供担保”。

2017年11月，财政部办公厅发布《关于规范政府和社会资本合作（PPP）综合信息平台项目库管理的通知》，要求各地在2018年3月底之前，完成对不符合规定的PPP项目的集中清理。各省纷纷上交清库处理结果，给不合规的PPP项目开出“禁令”。

2018年4月27日，财政部又发布了《关于进一步加强政府和社会资本合作（PPP）示范项目规范管理的通知》，对173个国家级示范项目存在的进展缓慢、执行走样等问题进行分类处置。

在财政部层面主导的三批次总计697个国家级PPP示范项目中，84个项目直接被剔除示范项目名单，剔除率达到约12%。

“监管不断加码是形势所迫。”张华指出，目前来看，虽然不合规PPP项目占比较少，但随着时间的推移，政府支出责任巨大，甚至会引发地方债务风险，只有不断优化PPP操作环境，未来PPP才会有好的发展空间。

案例解析

2019年年底，国发院发布了《中国式PPP项目：数据描述与潜在问题》报告，对当前中国的PPP项目存在的问题进行了分析，并据此提出了政策性建议。报告认为，中国式PPP项目缓解政府债务压力的作用有限，也无法解决落后地区基础设施建设的问题，民众对此期望不能过高。PPP项目在经济发展好、市场制度好、政府财政综合

① 资料来源：专家表示：PPP监管不断加码是形势所迫［EB/OL］.（2018-05-31）［2020-11-29］. https://www.sohu.com/a/233525779_100053329.

能力强的地区进展较快，但更需要 PPP 项目的经济欠发达地区实际上很难获得 PPP 项目立项。因此，PPP 模式只能够有效地缓解财政能力强的地方政府的债务压力，而缓解财政能力弱的地方政府债务压力的作用有限。此外，报告显示，有 92.8%的 PPP 项目存在政府付费或补贴，这将造成政府未来的长期财政支付压力越来越大。

报告建议，要多渠道拓展地方政府融资渠道，在合理控制风险的前提下创新融资方式。要想办法改善营商环境，尤其是稳定并减少政策带来的不确定性，这才是根本之策。“否则就算通过了 PPP，也撬动不了多少社会资本。”

本案例让学生正确认识 PPP 模式及其可能产生的问题，从而促使学生思考现实中如何有效发挥 PPP 模式的作用，既保证公共产品和服务的有效提供，又能有效缓解财政支出压力。

思考题

正确运用 PPP 模式既可以提供数量更多质量更好的公共产品和服务，又可以在一定程度上缓解财政支出压力；但不规范不合理的 PPP 模式很有可能产生新的地方政府债务，加大财政压力。就你所学知识，结合对现实的考察，你认为什么情况下社会资本才会介入公共产品和服务提供领域，各级政府在采用 PPP 模式时应该关注哪些问题。

案例64　个人按年合并计算个税？个税修正案5个亮点了解一下[①]

作为与每个人息息相关的税种，个税改革一直是社会各界关注的热点话题。关于此次改革，2018年政府工作报告曾做出“预告”：在深化财税体制改革方面，要改革个人所得税，稳妥推进房地产税立法。为了稳步提高居民收入水平，将提高个人所得税起征点。

亮点1　“起征点”上调至6万元/年

此次个人所得税法修正案草案规定，工资、薪金所得的基本减除费用标准从以往的按月计算调整为按年计算，基本减除费用标准提高到5 000元/月（6万元/年）。财政部部长刘昆就个人所得税法修正案（草案）做说明时称，上述标准的调整，综合考虑了人民群众消费支出水平增长等各方面因素。按此标准并结合税率结构调整测算，取得工资、薪金等综合所得的纳税人，总体上税负都有不同程度下降，特别是中等以下收入群体税负下降明显，有利于增加居民收入、增强消费能力。

亮点2　3%税率的级距扩大一倍

现行个人所得税法实行3%至45%的7级超额累进税率，在此基础上，草案将按月计算应纳税所得额调整为按年计算，并优化调整部分税率的级距。具体是：扩大3%、10%、20%三档低税率的级距，3%税率的级距扩大一倍，现行税率为10%的部分所得的税率降为3%；大幅扩大10%税率的级距，现行税率为20%的所得，以及现行税率为25%的部分所得的税率降为10%；现行税率为25%的部分所得的税率降为20%；相应缩小25%税率的级距，30%、35%、45%这三档较高税率的级距保持不变。

亮点3　劳务报酬所得、稿酬所得等4项劳动性所得综合征税

草案按照“逐步建立综合与分类相结合的个人所得税制”的要求，结合当前征管能力和配套条件等实际情况，将工资、薪金所得，劳务报酬所得，稿酬所得，特许权使用费所得4项劳动性所得（以下简称“综合所得”）纳入综合征税范围，适用统一的超额累进税率。居民个人按年合并计算个人所得税，非居民个人按月或者按次分项计算个人所得税。

① 资料来源：个人按年合并计算个税？个税修正案5个亮点了解一下［EB/OL］.（2018-06-19）［2020-08-24］. https://www.geshuiwang.cn/view/20180619/06190496550.html.

亮点 4　增加反避税条款

值得注意的是，为堵塞税收漏洞，维护国家税收权益，个人所得税法修正案草案拟首次增加反避税条款。

草案指出，将参照企业所得税法有关反避税规定，针对个人不按独立交易原则转让财产、在境外避税地避税、实施不合理商业安排获取不当税收利益等避税行为，赋予税务机关按合理方法进行纳税调整的权力。规定税务机关做出纳税调整，需要补征税款的，应当补征税款，并依法加收利息。此外，借鉴国际惯例，草案明确引入了居民个人和非居民个人的概念，并将在中国境内居住的时间这一判定居民个人和非居民个人的标准，由现行的是否满 1 年调整为是否满 183 天，以更好地行使税收管辖权，维护国家税收权益。

亮点 5　增加子女教育支出、大病医疗支出、住房贷款利息等专项附加扣除

需要关注的是，草案在提高综合所得基本减除费用标准，明确现行的个人基本养老保险、基本医疗保险、失业保险、住房公积金等专项扣除项目以及依法确定的其他扣除项目继续执行的同时，增加规定子女教育支出、继续教育支出、大病医疗支出、住房贷款利息和住房租金等与人民群众生活密切相关的专项附加扣除。

案例解析

个人所得税是目前我国仅次于增值税、企业所得税的第三大税种，在筹集财政收入、调节收入分配方面发挥着重要作用。此次个税改革是我国减税降费的重要组成部分，希望通过此次个税改革更有效地发挥个人所得税的收入分配调整作用。本案例让学生扩展思路分析此次个税改革的收入分配差距调整效果。

思考题

你认为此次个税改革是否有助于调节收入差距？

案例 65　西班牙债务危机[①]

雄心壮志的超前建设，引发了西班牙的债务危机。西班牙的债务危机缘于基础设施建设、房地产泡沫破裂与政府隐瞒负债。一些基础设施建设与形象工程关系密切、效率低下，房地产泡沫破裂导致银行坏账蹿升，政府隐瞒负债导致市场预期不明、信心不稳。

西班牙基础设施十分发达，截至 2010 年年底，西班牙政府的高速铁路投资超过 187 亿欧元，未来还将投资 430 亿欧元。2013 年 1 月 8 日，西班牙开通了自加泰罗尼亚首府巴塞罗那到法国西部边境城市费格拉斯的高速铁路，西、法两国高铁正式汇合。而马德里至巴黎间的直达高铁预计将于 2013 年年中建成。即使债务危机笼罩，西班牙仍然准备拨款 1 300 亿美元加强高铁建设，以增加就业、争夺未来欧洲的物流中心地位，在欧洲高铁市场中取代法国。

西班牙政府目标明确，到 2050 年，90%的西班牙公民出门走不了 50 千米就能看到高速铁路的火车站。目前，西班牙高速铁路里程约 3 000 千米，成为仅次于中国的高铁大国，虽仅次于中国，但西班牙国土面积只相当于中国的四川省，人口只有 4 600 万。

高铁让西班牙四通八达的公路网与航空效用大降，高铁的回报率存疑，从马德里到经济重镇巴伦西亚的黄金线路预计需要十年回收成本，到其他风景名胜地的投资回收期限遥遥无期。一些铁路效率低下，2012 年当地媒体报道，西班牙有 176 个火车站和小火车站一整天一个旅客也看不到，有 52 趟中程火车线路平均载客率还不到 15%。在金融泡沫面前，无效高铁也成为必需高铁。

西班牙高铁建设意在争夺未来大欧洲的中心地位，拉动经济与就业率，让高铁技术成为重要出口产品，但所有这些美好的预期，却建立在金融大泡沫上。从 2000 年开始的铁路建设狂热，是西班牙负债的重要原因。西班牙的国有铁路公司、窄轨铁路运营商 REFNE，FEVE 和国有建设公司 ADIF 三家公司共亏损 4. 47 亿欧元，总负债 207. 3 亿欧元，情况仍在恶化。

在债务危机爆发之前，2007 年西班牙国家负债率仅 36. 3%，2010 年才上升到 60%，不仅远低于希腊、葡萄牙等危机国家，甚至优于德国等国。如此低的负债率主要是因为统计口径，排除了欧洲央行、欧洲稳定基金等的债务。

西班牙地方政府财政的 67%依赖中央政府，并且通过听话的地方储蓄银行将资金源源不断地引入形象工程与房地产市场。地方官员竞相引入免费医疗和教育政策，并

① 资料来源：西班牙的前车之鉴 [EB/OL]. (2013-02-06) [2020-11-21]. http://www.nbd.com.cn/articles/2013-02-06/713083.html.

投入大规模资金推进善心项目，包括建设没有一架飞机起飞的机场以及文化艺术中心、医院、游泳馆、铁路等。韩国《朝鲜日报》称，2008 年发生全球金融危机西班牙经济陷入低迷后，地方政府推进的项目都出现严重亏损，只能由中央政府出面收拾这个烂摊子。

金融狂欢时代，低成本融资与房地产泡沫助长了西班牙的地方政府投资热情。从 1995 年到 2007 年，西班牙的房价翻了三倍，房地产和建筑业贷款占 GDP 的比重从 1992 年的 10%上升至 2009 年的 43%，其中大部分的贷款由地方储蓄银行提供，其住宅贷款增加到总贷款的 70%。地方储蓄银行在西班牙银行业的市场份额从 20 世纪 60 年代的 10%左右，上升至 2010 年的近 50%。房地产市场雪崩使地方储蓄银行面临破产，不得不由中央政府买单。西班牙政府为拯救地方储蓄银行而出资 900 亿欧元，隐性负债显性化。

即使到现在，西班牙依然高估其资产价值，将手中的房地产以前期估值折价而非市场拍卖价计入资产，而爱尔兰则大手笔拍卖出清手上存货。评级公司惠誉认为中期内葡萄牙和意大利的房价将再跌 13%；西班牙和希腊再跌 15%，当地权威咨询机构 RR de Acuña & Asociados 的预测更加恐怖，认为马德里、巴塞罗那和其他一些西班牙主要城市的楼价在未来五年将再度下滑 30%，房地产泡沫时所积累的庞大房地产供应量最终将使整体房价下跌 75%。

更糟糕的是，西班牙国内的腐败加剧了投资的低效，使西班牙发债成本大幅上升，这点上，南欧国家颇为相似。据西班牙《国家报》报道，随着西班牙人民党前财政总管路易斯·巴尔塞尼亚斯的腐败行为曝光，调查发现其账本里记录的捐款相当部分涉嫌违法。这些账户的捐款超过三分之二从来没有经过官方渠道，或者是因为法律限制超过 6 万欧元的公款转账，或者是因为捐款人是被禁止的个人或企业。在费用方面，账目上记载着人民党高层官员定期收到款项，并声称这些未申报的资金是作为工资发放的。腐败丛生，讨好选民滥发福利，必然导致投资低效。丑闻传出，西班牙国债收益率大涨，发债成本上升。

从理论上，我国地方政府不允许负债，我国总体负债率一直处于可控水平，且地方政府不必为了选民超过限度滥发福利。但一些空城现象以及局部的房地产市场崩溃，已经给出了警示。

案例解析

公债是政府依据借贷原则，以债务人身份向个人、公司企业、社会事业单位以及国际社会取得财政收入的一种方式。其中，国债是中央政府的债务，是中央政府以债务人的身份，按照有借有还的原则，通过借款或发行债券等方式从国内或国外筹集资金，而同有关各方构成的债权债务关系；地方债是地方政府的债务。

公债在弥补财政赤字、筹集建设资金、调节经济方面发挥着重要的功能。但公债具有有偿性的特点，且给债权人、债务人、纳税人带来一定的负担，因此，公债必须保持在一定的限度内，否则会引发债务危机、财政危机甚至更为严重的后果。

西班牙政府债务危机是欧洲债务危机的导火索。本案例让学生认识到政府债务危机的危害，同时促使学生进一步思考政府债务危机产生的根源，以及政府促进经济发展、约束政府职能、减少财政支出，对保证政府财政稳定性和可持续性的重要意义。

思考题

1. 请阐述西班牙债务危机的主要原因和教训有哪些。
2. 西班牙债务危机对我国当前地方政府债务问题有何启示?

案例 66　2019，中国的债务水平到底怎么样?[①]

宏观上来看，一个国家的债务通常分为四种：政府部门（government）债务；金融部门（financial sector）债务；非金融企业部门（non-fin corporates）债务；家庭部门（household）债务。

根据国际金融协会（IIF）公布的数据，1997—2019 年中国各部门债务占 GDP 比重的变动情况如图 6 所示（均采用第二季度数据）。

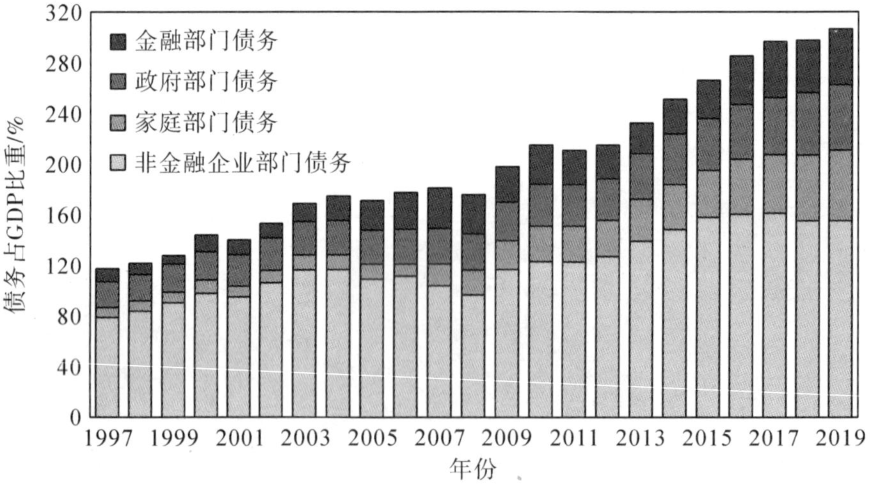

图 6　1997—2019 年中国各部门债务占 GDP 比重

先来看中国债务整体的时间序列变化。

1997 年的时候，中国四大部门债务总和占 GDP 的比重还不足 120%，可谓是债务水平极低。但 1999—2000 年的中国银行业改革，直接将中国的债务水平拉升到接近 150%的水平，但接下来中国的债务整体增长再度放缓。一直到 2008 年之前，中国四大部门债务总和占 GDP 比重维持在 170%左右，是一个典型的发展中经济体的债务情况。

从 2009 年起，中国的整体债务水平一年上升一个台阶（注意，那些年中国 GDP 增长很快，这意味着中国的债务绝对值增长非常惊人），这种增长一直保持到 2017 年，中国的加杠杆进程才算中止——但经历 2018 年的持平之后，2019 年中国整体债务水平又再度上升，目前已经超过 GDP 的 300%。

从绝对值看，自 2015 年以来，中国四部门债务相加，在全世界仅次于美国。截至 2018 年年底，中国中央政府债务余额为 14.96 万亿元，地方政府债务余额为 18.4 万亿

① 资料来源：2019，中国的债务水平到底怎么样？［EB/OL］.（2019-10-13）［2020-11-02］. https://baijiahao.baidu.com/s? id=1647252104580406571&wfr=spider&for=pc.

元，政府债务占 GDP 比重为 37.1%。

案例解析

虽然中国经济整体的负债率较高，但是这种高负债率和美国“寅吃卯粮”式的高负债率完全不同。中国的高负债率主要源于较高储蓄率。多余储蓄的一部分通过出口消化，而另一部分则转化成投资（负债）。因此，中国爆发像 2008 年美国那样的次贷危机的可能性不高。

当然，中国负债高的原因不同，并不代表就没有风险。中国目前的高负债率和日本的情况更加相似。比如中国北上广的房价上涨速度，让人想起了 20 世纪 80 年代的东京房价。而中国某些地区浪费多余的基建（空城，空桥）也让人依稀看到了一些日本政府当年犯过的错误。这些“错误”的累加可能增加中国发生债务危机的可能性。

中国面临的另一个更为长期的挑战是人口的老龄化。随着社会人口平均年龄的增长，生育率的下降，人口老龄化是一个非移民国家必须面对的大挑战。老龄化导致储蓄率降低，经济增长趋缓，而政府为了应付日渐庞大的医疗和养老开销，可能不得不扩大举债规模，通过不断增大的财政赤字来应付开销。在这方面，日本已经给了我们很多“前车之鉴”，值得我们思考，避免重蹈他们的覆辙。

思考题

中国政府整体负债规模不断增加的原因是什么？从债务负担率的角度分析降低政府债务风险的基本策略。

案例 67 中国地方政府敲响债务警钟①

中国各地省级审计机构正在对一拨快速逼近的地方政府债务到期日发出警告。分析人士认为，未来两年半内，即将到期的地方政府债务至少会达到 3.8 万亿元，这将给中国金融体系带来风险。陕西省审计厅发布了一份令人担忧的地方政府债务偿还水平报告。这是最新发布此类报告的政府机构。陕西省审计厅是在近几周内发布审计报告的数个政府机构之一。该审计厅警告称，陕西省未来五年内偿债压力较大，且在它所称的“隐性债务”中有 34%需在 2019 年年底前偿还，但并没有具体说明这笔债务的规模。

中国地方政府的隐性债务通常指的是不直接记入政府账簿但仍被视为负债的债务。地方政府融资平台（LGFVs）或由省、市级国企经营的企业是这些隐性债务负担的主要来源。标普全球评级在一份报告中表示：“亟待解决的问题是，债务缠身的政府能否迅速对陷入困境的地方政府融资平台进行纾困。”该机构补充称：“风险是很大的。一旦违约或破产在广受关注的地方政府融资平台间蔓延，将削弱市场信心、损害政府声誉、破坏金融体系的稳定。”

多年来，中央政策制定者一直对中国各省份面临的债务负担感到担忧，并一直试图控制债务负担。过度支出经常会引发外界对难以控制的债务负担的担忧，这些债务通常用来为基础设施提供资金。但资金快速从大型项目中撤出又让人们担心，当建筑材料需求下降时，经济增长将会放缓。

计算地方政府债务规模是一项艰巨的任务。其中许多债务都与中国的影子银行有关，且资金来源于信托公司以及与富人相关的理财产品。根据标普的数据，2019 年至 2021 年，已知的融资平台必须偿还的在岸债券为 3.8 万亿元，标普将这一负担形容为许多地方政府将难以解决的“沉重的债务问题”。

案例解析

政府债务问题的解决，短期内靠金融工具，即政府债券的置换降低融资成本；中期靠房地产，土地财政是地方债务的最终偿债来源；长期靠财税制度的改革和实业的振兴，即建立财政和事权相匹配的制度，以及实体经济复苏，造血功能（纳税）增强。

但是目前，对于短期内地方政府发债，财政部还是紧扣限额，正门半开半闭；隐性债务问题解决通道过窄，不能解决燃眉之急。一方面，需从重从严加强投资端的控

① 资料来源：唐·温兰. 中国地方政府敲响债务警钟［EB/OL］.（2019-09-25）［2020-11-20］. http://www.ifengweekly.com/detil.php? id=8449.

制，地方政府克制投资冲动，加强预算的刚性约束，有限的财力做有限的事情；另一方面，需要房地产市场的带动，地方政府多卖地，去杠杆，把负债降低至可承受的范围内。

本案例促使学生认真关注我国地方政府债务问题，了解我国地方政府债务的成因、可能产生的风险，从而引发学生去思考如何正确看待各级政府的职能，如何通过法制的不断完善去约束、规范政府行为。这可能是防范我国地方政府债务风险的重要一环。

思考题

如何防范地方政府债务风险?

案例 68　隐性债务成风险防控焦点①

财政部统计数据显示，截至 2017 年 12 月末，全国地方政府债务余额 164 706 亿元，控制在全国人大批准的限额之内。这是由法律严格规范的债务，其风险不大，当前应该高度重视的是“隐性债务”风险。

隐性债务主要指个别地方政府通过融资平台公司、政府和社会资本合作（PPP）、政府投资基金、政府购买服务等方式违法违规或变相举债形成的债务。

“国有企业的投融资和政府的投融资边界不是很清楚，一些地方政府经常利用国有企业去干政府的事情，这时政府投融资和企业投融资边界变得不清楚，这就是产生隐性债务的体制原因。”中国财政科学研究院院长刘尚希说。

如何有效遏制隐性债务？“在体制机制建设基础上，应健全相关法律法规，促进政府债务信息公开，持续提高地方政府债务管理能力，形成社会监督、财政专员办监督、审计监督、人大监督等多层次、多角度综合性监督问责力度和处罚力度，鼓励规范有序地开展政府与社会资本合作模式，为实现地方政府债务的可持续发展提供外在环境。”中国财政科学研究院金融研究中心主任赵全厚说。

对此，中央经济工作会议要求，切实加强地方政府债务管理。全国金融工作会议明确，各级地方党委和政府要树立正确政绩观，严控地方政府债务增量，终身问责，倒查责任。在部委管理层面，全国财政工作会议明确，支持打好防范化解重大风险攻坚战，重点是有效防控地方政府债务风险，坚决制止违法违规融资担保行为，严禁以政府投资基金、政府和社会资本合作（PPP）、政府购买服务等名义变相举债。

对于遏制隐性债务增量，《财政部关于坚决制止地方政府违法违规举债 遏制隐性债务增量情况的报告》指出：要进一步完善地方建设项目和资金管理；管控好新增项目融资的金融“闸门”；强化中央企业债务融资管控，严禁违规为地方政府变相举债。对于化解存量隐性债务，财政部强调，坚持中央不救助原则，做到“谁家的孩子谁抱”，坚决打消地方政府认为中央政府会买单的“幻觉”，坚决打消金融机构认为政府会兜底的“幻觉”。

在具体债务化解安排上，财政部出台的《财政部地方全口径债务清查统计填报说明》提出六种化解方式：安排财政资金偿还；出让政府股权以及经营性国有资产权益偿还；利用项目结转资金和经营收入偿还；合规转化为企业经营性债务；通过借新还旧、展期等方式偿还；采取破产重整或清算方式化解。

---

① 资料来源：隐性债务成风险防控焦点［EB/OL］.（2018-01-29）［2020-10-08］. http://finance.ce.cn/rolling/201801/29/t20180129_27942189.shtml.

案例解析

对中央政府的过度依赖，在一定程度上助长了各地方政府债务规模的扩张。应该继续坚持中央不救助原则，但要在不改变债务责任的前提下妥善处理存量隐性债务，避免利息成本过高、流动性受阻带来新的风险。从长期看，更为关键的是通过体制机制改革，改善政府投融资生态，降低无效低效投资，提高政府投资效率，同时要解决政府合理投资项目的资金来源。本案例让学生了解地方政府债务的构成，以及为什么防范化解地方政府隐性债务是工作的重点。

思考题

为什么隐性债务对于国家的债务风险控制来说是一件很危险的事情?

案例69 截至2019年8月末全国地方政府债务余额214 139亿元[①]

财政部党组成员、副部长许宏才2019年9月6日在财政部“加快发行使用地方政府专项债券”新闻发布会上介绍，经第十三届全国人民代表大会第二次会议审议批准，2019年全国地方政府债务限额为240 774.3亿元。截至2019年8月末，全国地方政府债务余额214 139亿元，控制在全国人大批准的限额之内。2019年1月至8月，全国地方累计发行新增地方政府债券28 951亿元，占2019年新增地方政府债务限额的94%，发行进度同比提高34个百分点。

案例解析

地方政府债务（local government debt）是指在某个时点上，地方政府作为债务人，由于以往支出大于收入所形成的赤字总和，是一个存量概念，包括建立在某一法律或合同基础之上的显性负债和政府道义上负有偿付责任的隐性负债。地方政府债务目前已成为我国政府公债重点关注内容。本案例让学生掌握地方政府债务的构成，引导学生探究我国地方政府债务的成因及化解思路。

思考题

简要分析我国地方政府债务的构成、成因及化解思路。

---

① 资料来源：财政部. 截至8月末全国地方政府债务余额214 139亿元［EB/OL］.（2019-09-06）［2020-11-18］. http://finance.china.com.cn/news/20190906/5074030.shtml.

案例 70 “李约瑟之问”的金融学解释[①]

历史上，有一个著名的“李约瑟之问”：为什么直到公元 16 世纪，在科技、文化、经济领域处于领先地位的中国没有产生现代科学，也没有发生工业革命？换句话说，为什么四百多年来，中国会落后于西方？这个问题其实有很多解释，包括科举制度、小农经济、外族入侵等。我们从金融学的角度来理解这个谜题。

金融学者 James Macdonald 发现了一个很有趣的历史现象。如果我们把公元 1600 年的国家分为两组：一组国家是藏宝于国库，中国明朝政府国库的白银有 100 多万两（1 两=50g，下同），印度是 6 000 多万两，而土耳其帝国的藏金是 1 600 多万元；另一组是负债累累的英国、西班牙、法国、荷兰、意大利等城邦国家。但是你会发现，从公元 17 世纪到 20 世纪的 400 年间，历史发生了奇妙的逆袭：这些负债累累的国家现在基本上都是发达国家，而那些曾经的“财主帝国”都变成了发展中国家。

如果从人均 GDP 来看，中国的人均 GDP 在公元 1000 年到 1200 年间（宋朝）达到了顶峰，之后的几百年就开始停滞不前。而隔海的欧洲，从无法望中华帝国之项背，到走出黑暗的中世纪，人均 GDP 一直保持着非常稳健的增长。而这个转折点，不是大家以为的发生在 17 世纪，而是发生在 12 世纪左右，也就是欧洲的债券市场开始起源的时候。所以，尽管很多人仍然把十六七世纪作为东西方大分流的开始，但是最近的学术界已经有越来越多的人认为，在 12 世纪左右，东西方的分流就已经开始。其中，驱动力之一就是金融模式的分流，西方的财政金融体系开始大规模地使用国债，而中国依然主要依赖财政税收体系。

为什么发债与否的金融模式会影响到一个国家的发展道路呢？我们要看看发债的目的是什么，发债这个手段的替代品又是什么。国债发行的目的很简单，就是替国家融资，充实国家的财政收入，解决国家的财政支出。现代社会的财政支出主要用于国家的公共服务，包括国防军事、司法、教育、基础设施建设等。财政收入的另外一个来源是税收。

税收和发债的区别到底在哪里呢？首先是资金筹集的时间不一样。税收是一种财政手段，针对的是当下的居民收入，相当于“切蛋糕”，重新在政府和居民中间分配资源，居民的份额就变小了。而发债则是一种金融手段，用国家的未来收入做抵押，相当于“借面粉”，将未来的蛋糕做大再进行资源分配。换句话说，发债是一种以时间换空间的融资模式，尤其是当民间的投资回报率超过国债的利率时，整个社会的财富总

① 资料来源：国债：从金融角度回答“李约瑟之问”［EB/OL］.（2018-04-04）［2020-08-15］. https://www.dedao.cn/article/vWbYRP1mxqd2VGp0wJQjM096EBkr85.

量就是增长的。

从 17 世纪起，这些欧洲小国通过发债，将未来的收入转移到了当下，平滑了国家在不同时期的资金需求，避免了一次性征税对于社会和居民产生的冲击。而税负过重，民不聊生，往往是一个国家动乱的根源。当时战争开支是各个国家最大的财政支出。税收需要依靠强大的国家暴力机器，一旦遇到大的战乱，税收很快就会导致涸泽而渔，民不聊生，造成帝国解体，或者是改朝换代。

除了资金筹集的时间不同之外，债和税的第二个区别是契约关系不一样。税收是全民性的、强制性的，而发债是局部性的、契约化的。这种选择既和各个国家的政权模式密切相关，又对各个国家未来的政治经济发展模式产生了极为深远的影响。

那些"藏宝于库"的国家大多是中央集权式的帝国，而那些通过举债藏富于民的国家大多是分封制环境里成长出来的欧洲国家。而欧洲国家一直处在激烈博弈的状态中，缺乏大规模的征税能力，只能借债。而且因为社会整体比较穷，所以早期欧洲国债的购买者并不是普罗大众，而是那些掌握着大量资源的富有家族。比如说欧洲的罗斯柴尔德家族，就曾经是英国国债和美国国债的最大买家之一。国债用一种契约的方式，把这些贵族手里的资源进行了时间维度上的优化配置，同时也实现了欧洲各种政治力量的制衡。国债以契约形式明确了居民和国家的债务关系，允许国家以未来信用做抵押进行融资。一个具有流动性的国债二级市场，把国家信用从虚拟的概念转化为可以循环使用的活水，这些变化对现代国家概念的塑造有重大的意义。为了保证债权债务关系的清晰，需要一套法律制度来维护这个契约的执行，国家和政府的权力就会受到限制和约束，欧洲的契约社会和法制社会也就这样慢慢形成了。所以，从金融的角度看，东西方大分流的"李约瑟之问"就似乎已经有了答案。

我们国家在明清以后，传统社会形态更加趋于稳定，财政危机周期性发作到了不可收拾之际，就以王朝更替结束了。而欧洲的各国，学会了"向未来融资"的金融手段，获得了强大的资金支持，能够向外扩展，掠夺资源。同时民间的力量发展起来，社会的流动性增大，极大地激发了社会的创造力，为工业革命奠定了物质和思想基础。

在两种金融模式的驱动下，国家的力量此消彼长。到 19 世纪的时候，世界格局已经彻底改变了。

实际上现在看来，这种多发债少征税的思路也正是美国崛起的金融逻辑。政府通过发债，从国内外吸收廉价的资金，让居民手里的资金份额更大，通过投资再实现整个社会的财富增长。

案例解析

国债，又称国家公债，是国家以其信用为基础，按照债券的一般原则，通过向社会筹集资金所形成的债权债务关系，是中央政府向投资者出具的、承诺在一定时期支付利息和到期偿还本金的债权债务凭证。由于国债的发行主体是国家，国债具有最高的信用度，被公认为是最安全的投资工具。国债作为国家依据有借有还的信用原则，通过发行政府债券和向外国政府及国内外银行直接借款筹集财政资金的一种形式，最早出现于奴隶社会。伴随着商品经济一定程度的发展及国家财政赤字的出现，国债由此而产生。国债的产生使国债理论逐渐形成并不断发展。

现代意义上的国债是在佛罗伦萨和意大利其他城市共和国中首先出现的。从那时起，国债席卷整个欧洲，一些民族国家，如西班牙、法国和荷兰都开始发行国债。在数百年的国债实践活动中，西方社会产生了种种国债理论，并且很自然地发生了各种争论。由于利益得失等各种因素的影响，也就形成了反对与支持国债两种主要观点，也就使得国债理论构成了财政经济理论的重要组成部分。

可以说，不同流派的经济学家提出了不同的观点，并且针对与国债相关的一系列问题（如国债的经济效应）展开了激烈的争论，这种争论甚至可以追溯到古典经济学的萌芽时期。各个流派关于国债的基本观点依旧存在着巨大的分歧。

思考题

在中国历代强大的中央集权政府中，为什么除了晚清之外没有一个王朝发行债券呢?

国家预算和预算管理体制篇

案例 71　31 省份财政自给率差异大，中央转移支付依赖度上升①

由于各省份经济社会发展程度不一，财政实力差异明显，财政自给率（一般公共预算收入占支出的比值）差距较大。

根据中国财政科学院研究报告，2018 年财政自给率最高的是上海，约 85%；北京以约 81%紧随其后；广东、浙江、江苏居三四五位，财政自给率为 70%~80%；天津、福建、山东、山西财政自给率超过 50%；其他省份则低于 50%。

分地区来看，东部省份财政自给率高于中西部地区；南方地区财政自给率高于北方地区。2015 年开始，中西部财政自给率掉头向下，南北方财政自给率也呈现下降趋势，且南北差距拉大。

地方财政自给率下降意味着地方对中央转移支付的依赖度在上升。近些年，中央财政转移支付规模（不包括税收返还部分）逐年攀升，2018 年首次突破 6 万亿元关口，2019 年预计达到 6.35 万亿元。

财科院研究员赵福昌表示，转移支付在均衡地方财力方面的效果显著，但同时地方对转移支付的依赖度在上升，越是经济发展弱、压力大的地区，转移支付的依赖度越会增高。

与此同时，自 2008 年以来，转移支付增速总体呈现下滑趋势。转移支付增量资金主要来自东部发达地区，但近些年尤其是 2019 年受大规模减税降费等因素影响，东部地区财政收入增速放缓明显，转移支付可持续性面临挑战。

2019 年 2 万亿元力度空前的减税降费对地方财政收入冲击较大，上半年不少地方财政收入增速下滑。2019 年上半年全国一般公共预算收入同比增长 3.4%，创十年新低。

案例解析

转移支付制度是分级预算体制的重要组成部分。根据分级预算管理体制，上下级预算主体间、同级预算主体间的收支规模是不对称的，转移支付制度就是均衡各级预算主体间收支规模不对称的预算调节制度。转移支付制度不同于扶贫。如何更好发挥转移支付制度的功能，值得探讨。本案例在引导学生理解财政转移支付功能的基础上，使学生进一步思考我国财政转移支付的改革思路。

① 资料来源：31 省份财政自给率差异大，中央转移支付依赖度上升［EB/OL］.（2019-08-01）［2020-08-26］. https://www.yicai.com/news/100281333.html.

思考题

结合案例数据谈谈转移支付制度的政策功能，思考中央和地方政府对待财政转移支付构成的态度有何不同，为什么。

案例72　财政部全面清理政府采购领域妨碍公平竞争的规定和做法[①]

为构建统一开放、竞争有序的政府采购市场体系，财政部发布通知称，各地区、各部门要全面清理政府采购领域妨碍公平竞争的规定和做法，严格执行公平竞争审查制度，加强政府采购执行管理，进一步提升政府采购透明度。

根据发布的《关于促进政府采购公平竞争优化营商环境的通知》，各地区、各部门应当严格落实《中华人民共和国政府采购法》等相关法律法规的要求，依法保障各类市场主体平等参与政府采购活动的权利。要全面清理政府采购领域妨碍公平竞争的规定和做法，各地区、各部门要及时向社会公开有关清理结果。

通知称，各地区、各部门制定涉及市场主体的政府采购制度办法，要严格执行公平竞争审查制度，充分听取市场主体和相关行业协会商会意见，评估对市场竞争的影响，防止出现排除、限制市场竞争问题。重点审查制度办法是否设置不合理和歧视性的准入条件排斥潜在供应商参与政府采购活动，是否设置没有法律法规依据的行政审批或者具有审批性质的备案，是否违规给予特定供应商优惠待遇等。

通知要求，各地区、各部门要加强政府采购执行管理，优化采购活动办事程序，细化采购活动执行要求，规范保证金收取和退还，及时支付采购资金，完善对供应商的利益损害赔偿和补偿机制。加快推进电子化政府采购，推进采购项目电子化实施，加快实施“互联网+政府采购”行动。

通知称，各地区、各部门要进一步提升政府采购透明度，加强政府采购透明度建设，推进采购意向公开。完善政府采购质疑投诉和行政裁决机制，畅通供应商质疑投诉渠道，依法依规实施行政处罚。

案例解析

国内外对政府采购的界定有所差异。在我国，政府采购的法定概念是：①《中华人民共和国政府采购法》中第一章第二条所规定的政府采购（government procurement），主体是各级国家机关、事业单位或团体组织，采购对象必须属于采购目录或达到限额标准，或②《政府和社会资本合作项目政府采购管理办法》所规定的政府和社会资本合作项目的政府采购（PPP 项目采购）；在广义上是指利用财政（拨款、自有或融资）资金进行采购，对采购主体以及对采购对象是否属于集中采购目录或是否达到限额标

① 资料来源：财政部：全面清理政府采购领域妨碍公平竞争的规定和做法［EB/OL］.（2019-07-30）［2020-11-09］. https://baijiahao.baidu.com/s? id=1640494484887535366&wfr=spider&for=pc.

准均无要求，或是利用社会资本进行 PPP 项目采购；在狭义上是指对货物和服务的政府采购。政府采购制度是我国预算管理改革的重要内容之一。本案例有助于学生了解政府采购制度及其进展，引申了解我国在预算管理领域的其他重要改革进展。

思考题

什么是政府采购制度？除了政府采购制度，我国在预算管理领域还进行了哪些重要改革？

案例73　中期预算[①]

2015年01月03日，国务院印发《关于实行中期财政规划管理的意见》（以下简称《意见》），部署加快建立现代财政制度，改进预算管理和控制，全面推进中期财政规划管理。

中期财政规划是中期预算的过渡形态。

中期财政规划涵盖一般公共预算、政府性基金预算、国有资本经营预算和社会保险基金预算，主要包括四部分内容：

1. 预测现行政策下财政收支。根据国民经济和社会发展五年规划纲要及年度计划，考虑国际国内发展环境重大变化，结合基期年的经济社会发展情况，预测未来三年经济社会发展状况及主要经济指标。在做好经济预测的基础上，按照现行宏观经济政策，预测未来财政收支情况。

2. 分析现行财政收支政策问题。根据对现行政策下财政收支的预测和对现行财政收支政策实施效果的分析，深入查找以下问题：一是财政收入制度存在的问题；二是财政支出政策存在的问题；三是债务风险问题。

3. 制定财政收支政策改革方案。

4. 测算改革后财政收支情况。根据财政收支政策改革方案，测算未来三年财政收支情况，并进行综合平衡。

案例解析

预算制度是现代财政制度的重要构成内容。中期财政规划是近年来我国预算管理制度改革的重要组成部分，是中期预算的过渡形态。编制中期预算的目的是保证预算的持续性和稳定性，发现问题，提出解决预案，从而实现财政收支的跨年度平衡。学生通过对国家中期预算相关制度的跟踪和解读，能及时了解国家最新的制度安排，养成关注国家财税制度改革的习惯。

思考题

中期财政规划的目的是什么？其他国家实施中期预算的经验借鉴。

① 资料来源：国务院关于实行中期财政规划管理的意见［EB/OL］.（2015-01-03）［2020-12-08］. https://baike.baidu.com/item/%E5%9B%BD%E5%8A%A1%E9%99%A2%E5%85%B3%E4%BA%8E%E5%AE%9E%E8%A1%8C%E4%B8%AD%E6%9C%9F%E8%B4%A2%E6%94%BF%E8%A7%84%E5%88%92%E7%AE%A1%E7%90%86%E7%9A%84%E6%84%8F%E8%A7%81/16632595? fr=aladdin.

案例74　底特律破产获批 白宫似无意救助[①]

据外媒报道，美国联邦法院于当地时间2013年12月3日批准底特律市的破产保护申请，底特律有资格削减其数百亿美元的债务，“汽车之城”由此成为美国历史上最大的破产保护城市。尽管这一裁定以允许削减退休人员养老金为代价而引发了民众不满，但也为推动底特律的债务重组谈判扫清了一大障碍。

据英国广播公司报道，紧急财政管理人奥尔预计将于2013年年底前提交偿还180亿美元债务的计划。根据奥尔团队的估计，底特律市的养老金缺口达到35亿美元。另有报道称，在底特律180亿美元的负债中，有大约64亿美元为退休职工其他福利支出，其中主要是医疗支出。底特律市表示，在提出破产保护申请之前，该市政府的支出中有近40%用于偿还债务，如果没有通过破产程序减轻债务，这一数据可能升至65%。

有分析指出，法院此次裁定意味着掌握市政债券的投资人可能血本无归，需要靠市政支付养老金的人员可能失去经济来源，邮局、公立学校等可能面临裁员减薪。

不过，罗兹法官表示，尽管联邦破产法允许削减养老金，但法院将采取有节制的方式来削减债务，不会“轻易或随便地”签署任何削减方案来损害养老金。底特律市市长戴夫·宾也敦促市民齐心协力支持债务重组工作，他表示，尽管许多人需要做出很大牺牲，但从长远来看未来是光明的。

白宫发言人卡尼2013年12月3日重申，奥巴马政府对底特律破产事件的立场没有改变，强调应由底特律城市和债权人协商解决，白宫所能做的就是利用现有资源和公共私营部门合作关系，为加快底特律复苏提供帮助。卡尼的表态意味着联邦政府不太可能对底特律进行救助。

案例解析

城市破产主要是“地方政府”无法偿还负债而重组以及获得一些增加收入的空间，比如说提高税收，减少政府公共开支，裁减政府职员数量，以及获得还债宽限等，并不是政府解散，等政府足以偿还债务的时候，就会恢复到常态，对普通民众生活会带来不便，但不会有根本性的影响。

中国还没有政府破产这一概念，地方政府跟中央政府属于上下级（美国不存在隶属关系），按照人们常理推断中央政府有义务偿还其分属机构的债务，有国家信用做担保。但是现在也有不少学者讨论中国地方政府资不抵债时应如何作为。

---

① 资料来源：底特律破产获批 白宫似无意救助［EB/OL］.（2013-12-05）［2020-90-20］. http://dz.jjckb.cn/www/pages/webpage2009/html/2013-12/05/content_83480.htm? div=-1.

本案例让学生了解政府资不抵债的结果，思考上级政府对下级政府的无约束救助会产生的结果。

思考题

1. 联邦政府和底特律政府之间的关系属于横向关系还是纵向关系？
2. 试从财政的公平效率角度分析联邦政府为什么不对底特律进行救助。

案例75　中央对地方均衡性转移支付[①]

为增强地方财政保障能力，财政部于2020年2月18日发布了《关于预拨2020年中央对地方均衡性转移支付预算的通知》（财预〔2020〕9号）。通知要求，各省级财政部门要抓紧分解下达转移支付预算，确保资金及时、足额到位；基层财政部门要合理安排使用上级下达的转移支付资金，在做好"三保"和重点领域支出保障的同时，重点保障好新冠肺炎疫情防控支出，管好用好资金，提高资金使用效益。表2为2020年均衡性转移支付预算预拨分配情况。

表2　2020年均衡性转移支付预算预拨分配　　单位：亿元

地区	合计	此次下达	已经下达
合计	16 032.00	700.00	15 332.00
河北省	637.67	27.84	609.83
山西省	464.40	20.28	444.12
内蒙古自治区	625.40	27.31	598.09
辽宁省	436.25	19.05	417.20
吉林省	577.14	25.20	551.94
黑龙江省	785.80	34.31	751.49
安徽省	902.59	39.41	863.18
福建省	240.92	10.52	230.40
江西省	699.62	30.55	669.07
山东省	471.25	20.58	450.67
河南省	1 115.26	48.69	1 066.57
湖北省	795.45	34.73	706.72
湖南省	947.46	41.37	906.09
广东省	107.24	4.68	102.56
广西壮族自治区	840.82	36.71	804.11
海南省	228.77	9.99	218.78
重庆市	294.85	12.87	281.98
四川省	1 115.22	48.69	1 066.53

① 资料来源：关于预拨2020年中央对地方均衡性转移支付预算的通知［EB/OL］.（2020-02-18）［2020-10-25］. http://www.gov.cn/zhengce/zhengceku/2020-03/03/content_5486225.htm.

表2(续)

地区	合计	此次下达	已经下达
贵州省	792.31	34.59	757.72
云南省	592.44	25.87	566.57
西藏自治区	435.53	19.02	416.51
陕西省	630.52	27.53	602.99
甘肃省	761.33	33.24	728.09
青海省	435.44	19.01	416.43
宁夏回族自治区	346.07	15.11	330.96
新疆维吾尔自治区	752.25	32.85	719.40

案例解析

均衡性转移支付是当同一级政府存在少量或没有财政赤字的情况下，上级政府把从富裕地区集中的一部分收入转移到贫困地区的补助。其主要目的是消除各地方政府间存在的税收能力与其基本需求开支的横向不均衡，力求保证各地区间社会公共服务水平的基本一致性。

均衡性转移支付不规定具体用途，由接受补助的省（区、市）政府根据本地区实际情况统筹安排。我国按照分级管理的财政体制，省级以下均衡性转移支付办法由各省份制定。

本案例让学生了解我国转移支付的构成，不同转移支付形式的政策功能，同时促使学生关注我国现行转移支付制度的由来及其存在的缺陷。

思考题

1. 我国财政转移支付的形式有哪些？
2. 中央政府对地方政府安排均衡性转移支付的目的是什么？

案例76 新疆南疆四个地州普通高中实现全免费[①]

从2014年秋季学期起，新疆南部的阿克苏地区普通高中在校学生开始享受国家资助政策，学费、教科书费等费用全免。至此，南疆四地州喀什地区、和田地区、克孜勒苏柯尔克孜自治州以及阿克苏地区普通高中实现全部免费。

南疆四地州普通高中在校学生资助政策具体内容为：对南疆四地州普通高中在校学生免收学费，新疆财政按照每生每学期600元标准予以补助，保证学校正常运转；对南疆四地州普通高中在校学生实施免费教科书政策，教科书由自治区统一采购配发；由地州、县市财政承担本地普通高中在校学生的寄宿管理和运行成本。此外，对南疆四地州普通高中在校学生继续实施国家助学金政策。

从2013年秋季学期起，新疆实施了南疆三地州普通高中在校学生资助政策。为贯彻落实第二次中央新疆工作座谈会精神，加快南疆地区教育事业发展，提高高中升学率，新疆决定将阿克苏地区纳入政策实施范围。

案例解析

按目前的国家政策，九年义务教育阶段（小学、初中）的学杂费是全免的，这部分费用由国家和地方财政分担，不需要家长承担。但是高中不属于义务教育阶段，所以通常家长需要为孩子缴纳高中阶段的学费。不过近年来，全国各地也有一些地方政府宣布由公共财政承担高中阶段的学费，让本区域内的九年义务教育扩展成为十二年免费教育。南疆四地州普通高中全免费体现了国家对新疆南疆四地州的重视和关怀，体现了当地崇学重教的态度，提升了当地群众的获得感。本案例让学生了解中央财政转移支付资金对欠发达地方社会经济持续健康发展的重要意义。

思考题

1. 新疆财政和南疆四地州财政的关系属于横向关系还是纵向关系？
2. 试从财政的公平效率角度评价南疆四地州普通高中实现全部免费政策。

---

① 资料来源；新疆南疆4个地州普通高中实现全免费［EB/OL］.（2014-09-15）［2020-09-27］. http://www.chinanews.com/edu/2014/09-15/6591375.shtml.

案例77　新疆经济发展取得历史性成就[①]

新疆的经济总量从1952年的7.91亿元增长到2018年的1.2万亿元，扣除物价上涨因素，增长了200倍，年均增长8.3%。人均生产总值从1952年的166元增长到2018年的4.9万元，增长了37.7倍，年均增长5.7%。新中国成立70余年来，新疆经济发展实现了历史性跨越，产业结构实现了质的飞跃。新疆农业现代化迈出历史性步伐，农业机械化、高效节水灌溉走在全国前列，成为全国最大的棉花生产基地和重要的干鲜果生产基地。现代工业从无到有，基本形成具有新疆特色的现代产业体系。作为我国向西开放的前沿，新疆与世界各国特别是周边国家的经济交流与合作不断深化。2018年，新疆外贸进出口总额达200亿美元，是1950年的1 481倍。此外，旅游业呈现井喷式增长，2018年新疆接待国内外游客超过1.5亿人次，增长40.1%，2019年上半年接待游客7 589万人次，增长46%，预计全年将超过2亿人次。新疆贯通南北疆、连接国内外的现代综合交通网络已基本形成。随着经济的快速发展，新疆各族人民生活有了历史性改善。党的十八大以来，新疆坚持紧贴民生推动发展，连续多年将财政支出的70%以上用于保障改善民生。在脱贫攻坚方面，新疆以南疆四地州深度贫困地区为重点，推动脱贫攻坚取得明显成效。数据显示，2014年至2018年，新疆累计实现231.47万人脱贫，贫困发生率由19.4%降至6.1%。

新疆的快速发展得益于中央财政的大力支持。数据显示，新中国成立以来，中央财政对新疆补助累计达2.35万亿元，其中2012年至2018年达1.61万亿元。2018年，中央对新疆财政补助达到3 022亿元，占当年新疆财政预算支出的60.3%。同时，2010年以来，全国有19个省市对口支援新疆，已累计投入援助资金1 035亿元，引进合作资金近1.8万亿元。

案例解析

合理划分中央与地方政府间的事权和支出责任是政府有效提供基本公共服务的前提和保障，是建立现代财政制度的重要内容，是推进国家治理体系和治理能力现代化的客观需要。分税制是我国的预算管理制度，分税制下，政府间财政关系主要通过财政转移支付平衡。本案例主要让学生掌握财政转移支付包括纵向和横向两种，引导学生理解财政转移支付的政策功能。

① 资料来源：新疆经济发展取得历史性成就［EB/OL］.（2019-08-02）［2020-08-22］. http://finance.people.com.cn/n1/2019/0802/c428814-31272140.html.

思考题

政府间财政转移方式有哪几种?

案例 78　我国县级以上政府拟定期公布“三公”经费[①]

2011 年 11 月 21 日，国务院法制办公布《机关事务管理条例（征求意见稿）》（以下简称《征求意见稿》），首次拟就机关事务管理设立行政法规。《征求意见稿》明确了节约、公开、反对奢华并接受公众监督的原则。

对于公众关注的“三公”经费（指政府部门人员因公出国或出境经费、公车购置及运行费、公务执行费），《征求意见稿》明确县级以上政府应当将公务接待费、公务用车购置和运行费、因公出国（境）费纳入预算管理。公开征求意见截止日期为 12 月 21 日。

一、预算编制尚无“三公”科目

中央政府 2011 年首次公开了 2010 年“三公”经费的总额，此后各部委公开了“三公”经费 2010 年的决算和 2011 年的预算，个别省份也按照中央政府和部门的做法对“三公”经费进行了公开。

不过这些公开的“三公”经费，事实上在部门的预算表中是没有显示的。按照目前的预算编制方法，并没有专门的“三公”经费科目，“三公”经费分散在部门预算的不同科目中。目前公开的“三公”经费，均为将分散的支出汇总后得出的结果。

二、拟禁摊派、转嫁经费用于“三公”

“三公”经费公开后，即有学者质疑其真实性，因为没有专门的预算科目，难以避免部门通过挪用其他资金甚至向其他单位转嫁费用的可能。

这种情况或许会改变，《征求意见稿》规定，“三公”经费不仅要纳入预算管理，政府各部门应当根据工作需要和机关运行经费预算，制订“三公”支出计划。

政府各部门不得挪用其他预算资金用于“三公”，不得以任何形式向下级单位或者其他单位摊派、转嫁相关费用。

《征求意见稿》亦明确了“三公”经费公开制度，要求县级以上政府应当建立健全机关运行经费支出公开制度，定期公布“三公”经费的预算、决算、绩效考评情况。

三、禁无实质内容出国考察

《征求意见稿》明确规定，政府各部门应当执行国家有关因公出国（境）的规定，

---

① 资料来源：我国县级以上政府拟定期公布三公经费［EB/OL］.（2011-11-22）［2020-11-09］. http://news.sina.com.cn/c/2011-11-22/035423502651.shtml.

对出访事由、内容、必要性和日程安排进行审查，不得安排无实质内容的一般性考察和培训，减少因公出国（境）团组、人员数量和在国（境）外停留时间。

政府各部门工作人员因公出国（境），不得挪用资金，不得接受企事业单位的资助，不得向下级单位或者其他单位摊派、转嫁费用。政府各部门应当向本级人民政府外事、财政、审计、监察等部门报告本部门每年因公出国（境）的团组和人员数量、经费使用情况。

四、禁购奢侈品、豪华办公楼

《征求意见稿》对采购标准方面给出了原则规定，政府各部门在满足机关运行基本需求的前提下，应当采购中低档的货物和服务，不得采购奢侈品、购建豪华办公用房或者超范围、超标准采购服务。采购价格方面，政府集中采购货物和服务的价格应当低于同类货物和服务的市场平均价格。

《征求意见稿》明确禁止化整为零规避集中采购的做法。政府各部门采购纳入集中采购目录的政府采购项目，应当委托政府集中采购机构采购。不得违反规定自行采购或者以化整为零等方式规避政府集中采购。

五、不得接受企业捐赠车辆

《征求意见稿》要求政府各部门应当配备符合经济适用、节能环保等要求的中低档公务用车，不得超编制、超标准配备公务用车；除地理环境和工作性质特殊外，不得配备越野车；不得为公务用车增加高档配置或者豪华内饰；不得借用、占用下级单位或者其他单位的车辆，不得接受企业捐赠的车辆。

此外，针对公车运行成本高的问题，《征求意见稿》要求政府各部门对公务用车油耗、维修保养费用实行单车核算。公务用车的油耗和维修保养费用不得高于社会平均水平。

案例解析

“三公”经费是当前公共行政领域亟待解决的问题之一。压缩“三公”经费是党政部门厉行勤俭节约、杜绝铺张浪费的必然选择，有助于消解公众对“三公”经费的疑虑，密切党群干群关系，从而以贯彻中央“八项规定”“六项禁令”的实际效果取信于民。公开“三公”经费，有利于强化社会监督作用。公开“三公”经费是预算公开的前奏。

思考题

试分析公开“三公”经费的积极意义。

案例 79 看得懂的政府预算[①]

截至 2013 年 2 月 25 日，广州市政府所有组成部门与直属部门已经全部公开其本年度部门预算情况。此前，广州市财政局曾建议上述部门在 25 日前将各自的部门预算向公众公开。颇为引人注目的是，外界最为关注的政府“三公”经费，上述所有部门都无一例外单列出来对外公布。广州市财政局相关负责人表示，广州公开了具体的预算安排，且都有详细的文字说明，这在广州尚属首次，在全国范围也是领先。

政府预算看不懂，一直批评很多。不光老百姓看不懂，人大代表、政协委员们也看不懂，乃至有委员直接在政协会议上发飙。当然，更有一些部门把预算自封为“秘密”，千呼万唤难出来。所以，广州率先为政府预算附上详细文字说明，具有重要的现实意义。

案例解析

预算公开是控制财政支出、强化预算监督、提高财政资金使用效益的重要举措。现代各国日益重视财政的透明度，强调通过公开财政运行机制及其内容，实现“阳光财政”。在各界的积极推动下，2014 年修订的《中华人民共和国预算法》将预算公开写入法律条文，从而使预算公开有了法律保障和依据，这在我国预算制度方面具有划时代的意义。本案例让学生了解预算公开的积极意义。

思考题

请评价广州市政府“看得懂的政府预算”及其意义。

① 资料来源：广州政府“账单”让人“弄得懂”了［EB/OL］.（2013-03-01）［2020-08-25］. http://jnrb.e23.cn/shtml/jinrb/20130301/1104697.shtml.

案例80　预算公开

2013年11月，中共中央、国务院发布《党政机关厉行节约反对浪费条例》规定：除依照法律法规和有关要求须保密的内容和事项外，党政机关应当按照及时、方便、多样的原则，以适当方式公开预算信息。不按规定公开的应当追究责任。

2014年9月国务院印发《关于深化预算管理制度改革的决定》，明确除涉密信息外，政府预决算和部门预决算全部细化公开到功能分类项级科目，专项转移支付预算按项目按地区公开。所有财政资金安排的“三公”经费都要公开。

2016年2月，中共中央办公厅、国务院办公厅印发《关于进一步推进预算公开工作的意见》，要求各地区、各部门强化主动公开意识，扩大公开范围、细化公开内容、规范公开方式，进一步推进预算公开工作。

案例解析

预算公开是财政民主化、法制化的重要组成部分。预算公开、细化预算，是预算监督的前提。在社会各界的积极推动下，我国预算公开、细化预算的进程不断深入。2014年修订的《中华人民共和国预算法》对预算公开做了明确要求。本案例促使学生关注我国预算公开的过程，了解预算公开的现实意义。

思考题

预算公开的积极作用是什么？谈一谈你对我国预算公开未来走向的看法。